From the library of

SOPHENE

Published by Sophene 2023

Sebeos' History was first translated into English by Robert Bedrosian in 1979. This edition is Volume I of II.

A searchable, digital copy of the English translation can be accessed at:

https://archive.org/details/SebeosHistoryOfArmenia

www.sophenebooks.com
www.sophenearmenianlibrary.com

ISBN-13: 978-1-925937-76-3

ՊԱՏՄՈՒԹԻՒՆ ՍԵԲԷՈՍԻ

ՀԱՏՈՐ Ա.

ՏՊԱՐԱՆ
ԾՈՓՔ
Լոս Անճելըս

Sebeos' History

IN TWO VOLUMES OF CLASSICAL ARMENIAN
WITH AN ENGLISH TRANSLATION BY
ROBERT BEDROSIAN

VOLUME I

SOPHENE BOOKS
LOS ANGELES

To the memory of my uncle Andranik Torigian.

GLOSSARY

(A)sparapet ([ա]սպարապետ), the commander-in-chief of the Armenian army (a hereditary title).

Aspet (ասպետ), a hereditary title for the head of a clan.

Awan (աւան), a village, town or district.

Azat (ազատ), a member of the Armenian nobility, ranking below naxarars.

Azatagund (ազատագունդ), a military corps, unit or regiment composed of azats.

Dayeak (դայեակ), a guardian or a preceptor.

Hrovartak (հրովարտակ), a royal edict, decree or deed.

Hamarakar (համարակար), an administrative title for an accountant, bookkeeper or fiscal officer.

Marzpan (մարզպան), an administrative title that refers to a governor or military commander of a border province.

Movpet (մովպետ), chief magus.

Movpetan Movpet (մովպետանմովպետ), the highest-ranking movpet.

Nahapet (նահապետ), a patriarch, a head of a tribe or clan, or an ancestor.

Naxarar (նախարար), a hereditary class of feudal lords and the highest ranking nobles in Armenian society. (See "Naxarar" in the Encyclopedia Iranica.)

Ostan (ոստան), a large city, capital or royal land.

Ostikan (ոստիկան), a high-ranking officer of the Sasanian court.

Sepuh (սեպուհ), a junior class of Armenian nobility.

Shahastan (շահաստան), a large, commercial city or the capital of a province.

Stratelate (ստրատելատ), general (Gr. stratelates).

Tanuter (տանուտէր), a patriarch, head of a noble house or clan, or landholder.

Vardapet (վարդապետ), a doctor of the Armenian church.

TRANSLATOR'S PREFACE

Sebeos' *History* is a seventh century document of special importance for the study of Armenia and the Middle East in the sixth-seventh centuries. It was during this period, when Iran and Byzantium were wrestling for control of the Armenian highlands, that Armenian culture became more individual, independent, and distinctively national. While Sebeos focuses his attention primarily on Armenia's lay and clerical *naxarars* (lords), he also provides extensive and valuable information on events taking place in the neighboring societies of Byzantium, Iran, and among the Arabs.

Byzantinists will find factual and anecdotal information on the reigns of emperors Maurice (582-602), Theodosius (co-emperor, 590-602), Phocas (602-610), Heraclius I (610-41) and his successors to Constans II (641-68), including their wars against Iran in the east and the Goths in the west. Iranists will find information on officials such as the *hamaharz, pustipan, marzpan, ostikan, asparapet, patgospan, and hamarakar*; and a wealth of information on the reigns of shahs Peroz (459-84), Valas (484-88), Kawad I (488-96; 498-531), Xosrov I Anushirvan (531-79), Hormizd IV (579-90), Xosrov II Aparvez (590; 591-628), Kawad II Sheroe (628), Artashir (628-29), queen Boran (630-31), and Yazdigerd III (632-51). Sebeos' account of the rebellion of Vahram Choben and his description of the last days of the Sasanian dynasty have the authenticity of a contemporary. In addition, Sebeos narrates the birth and rise of Islam and provides unusual information on Jewish nationalism, the Khazars of the north Caucasus, and the Kushans on Iran's northeastern border.

Regrettably, aside from canonical and hagiographical literature and a few inscriptions, there are no other Armenian historical sources for the period of the sixth-seventh centuries. As such, Sebeos' information on Armenia and the Armenians has particular importance. His account begins where the fifth century Ghazar P'arpets'i's *History* left off—with the rebellion of Vahan Mamikonean in the 480s. Unfortunately, the account then skips the early and middle parts of the sixth century, picking up again with the rebellion of Vardan II Mamikonean (572) against Iran. Sebeos describes the separatist activities of the district of Siwnik' in eastern historical Armenia; Vahram Choben's efforts to enlist the aid of Mushegh Mamikonean, and Mushegh's role in Vahram's defeat; the alleged plan of the emperor Maurice and shah Xosrov to depopulate Armenia, and the rebellions this engendered. He especially concentrates on the reign of Maurice (582-602), who was perhaps of Armenian descent and had a peculiar antipathy toward the Armenians. The late sixth and early seventh centuries were a period when the Armenian *naxarars* were strong and independent and prone to switching allegiance from Byzantium to Iran, or vice versa. Sebeos describes the careers of several such prominent lords as Smbat Bagratuni, his son Varaztirots', T'eodos Xorxoruni and others, some of whom became important officials in the two rival empires. As a cleric, Sebeos was particularly interested in religious matters. He describes the activity of Armenian *Catholicoi*; Byzantine attempts to force Chalcedonianism on the Armenians; Iranian attempts to force Zoroastrianism on the Armenians; Christianity in Iran; and the spread of Islam.

The present translation, which was completed in 1979, was made from the classical Armenian edition of Patkanean.[1] Patkanean based his text on the earlier edition of Mihrdatian (Constantinople, 1851) and a manuscript at the Imperial Academy in St. Petersburg. Mihrdatian in turn had based his edition on an anonymous manuscript found in the library of Ejmiatsin in 1842 by bishop Yovhannes Shahxat'unian. There is extensive controversy about many aspects of the manuscript tradition. None of the full extant manuscripts of Sebeos predate the seventeenth century.

Apparently, the now-lost text of Shahxat'unian bore neither an author nor a title. Shahxat'unian himself determined that the work must be the history alluded to by later medieval historians as Sebeos' *History*. Consequently, with no positive identification, the work was published as Bishop Sebeos' *History of Heraclius* despite the fact that it is much more than the history of Heraclius. Apparently, Shahxat'unian and/or Mihrdatian divided the text into sections and chapters and prefaced them with summaries (which were not in the original manuscript).

Another controversy surrounds an earlier work appended to all extant manuscripts of this seventh century history (and Volume 1 of this edition), which has come to be known as the *Primary History of Armenia*. Few Armenists today regard the *Primary History* and "Sebeos" as the work of the same author. Who Sebeos was, and if he really was the author of this history are presently unanswerable questions.[2] There is nothing particularly distinctive about Sebeos' style—the Armenian is direct and (usually) straightforward. All that is clear from the author's biases is that he was a patriotic historian, not unswervingly loyal to any one House, and a fervent defender of the independence of the Armenian Church.

In 1979, Abgaryan published a critical edition of Sebeos,[3] which includes the *Primary History*, and is based on numerous manuscripts and fragments. While Abgaryan's text may be more readable than Patkanean's, the editor's freedom in rearranging passages and completely renumbering the chapters makes it difficult to use as a companion to the scholarly writings on Sebeos by more than a century of prominent Armenists. Nonetheless, the Abgaryan edition has extensive annotation, some of which is referenced in the notes to the present translation. An extensive bibliography for the era of Sebeos and subsequent periods in Caucasian history is available in C. Toumanoff's article, "Armenia and Georgia".[4]

The transliteration used here is a modification of the Library of Congress system for online Armenian, substituting **x** for the LOC's **kh**, for the thirteenth character of the Armenian alphabet (խ). Otherwise we follow the LOC transliteration, which eliminates diacritical marks above or below a character, and substitutes single or double quotation marks to the character's right. In the LOC romanization, the seventh character of the alphabet (է) appears as **e'**, the eighth (ը) as **e"**, the twenty-eighth (ռ) as **r'**, and the thirty-eighth (օ), as **o'**.

Robert Bedrosian
New York, 1985

BIBLIOGRAPHY

1. Patkanean, K. (1879). *Patmut'iwn Sebeosi episkoposi i Herakln.* St. Petersburg.
2. Bournoutian, G. (1975). Sebeos: A Historical Controversy. *Armenian Review, 28,* 138-146.
3. Abgaryan, G. V. (1979). *Patmut'iwn Sebe'osi.* Yerevan.
4. Toumanoff, C. (1966). Armenia and Georgia. In J. M. Hussey (Ed.) *The Cambridge Medieval History, Volume IV* (pp. 593-637). Cambridge University Press.
5. Khorenats'i, M. (1979). *History of the Armenians* (R. Thomson, Trans.). Cambridge, MA: Harvard.

SEBEOS' HISTORY

VOLUME I

Նախերգանք:

Եւ եղեւ ի նուազիլ ժամանակաց տէրութեանն Արշակունեաց ի Հայաստան աշխարհի, ի բառնալ տէրութեանն Վռամշապուհ արքայի՝ տիրէ ի վերայ սորա ազգն Կարքեդովմայեցի իշխանութեանն, խորհուրդ ի ձեռն առեալ ահեղ եւ ահագին՝ հանդերձ միաբանութեամբ դառնաշունչ եւ մեծամեծ քաւդէիցն, եւ ամենայն գլխաւոր նախարարաւքն թագաւորութեան իւրոյ՝ բառնալ ի Հայաստան աշխարհէ զբարեպաշտութեան պտուղս: Ուստի ոչինչ աւգտեցաւ, այլ յոյժ վնասեցաւ, եւ բարեպաշտութիւնն եւս քան զեւս ծաղկեալ պայծառացաւ:

Արդ՝ զժամանակս թագաւորութեանն չարագործին Յազկերտի. եւ եթէ ո՞րպէս նա կամէր զաստուածայինն եղծանել կարգս: Եւ կամ ո՞րպէս քաջ նախարարացն Հայոց եւ նախանձաւորն Աստուծոյ նահապետն Մամիկոնէից տանն՝ Կարմիրն կոչեցեալ Վարդան, հանդերձ միազունդ սպառազէն նիզակակից ընկերաւքն եւ զաւրաւքն իւրեանց կազմեալ զինեցան ի պատերազմ, առեալ ի ձեռն զվահանն հաւատոյ, եւ զգեցեալ իբրեւ զզրահ ամրութեան զնախանձն աստուածային բանին. գոզցե՛ս թէ առաջի աչաց իսկ ականատես դէմ յանդիման տեսանելով զի վերուստ առաքեալ նոցա զպսակն: Վասն որոյ արհամարհեալ զմահ, եւ առաւել լաւ համարեալ մեռանել ի վերայ աստուածային պողոտային: Եթէ՝ ո՞րպէս ի վերայ նոցա եհին զաւրքն պարսիկ սաստիկ բռնութեամբ, եւ կամ՝ ո՞րպէս ի դիմի հարեալ զիւրեանց կատարեցին զնահատակութիւն: Եւ կամ՝ ո՞րպէս ի ձեռս հեթանոսաց ըմբռնեալ սուրբ վկայքն Քրիստոսի՝ կատարեցին զնահատակութիւնս իւրեանց յԱպր Շահր մերձ ի Նիւշապուհ քաղաքի, ի տեղւոջն, որ կոչի Թէարքունի:

Prologue.

At the time of the waning of the rule of the Arsacids in the land of Armenia [when] the rule of king Vramshapuh was done away with, there ruled over Armenia the people of the Kark'edovmayets'i principality. [The latter], with the unity of the venomous, grandee mages and all the principal *naxarars* of [the ruler's] kingdom adopted an awesome and frightful plan: to eliminate the fruits of piety [Christianity] in the land of Armenia. But nothing availed [the Iranian king in his plan], rather, he was damaged. And [Christian] piety more than ever blossomed and sparkled.

Now others have written about [all of the following events], as that very same *History* points out: regarding the days of wicked [king] Yazkert's reign, how he wanted to destroy the divine orders [the clergy]; how the brave *naxarars* of Armenia and the zealot of God, the *nahapet* Vardan called Karmir[1] of the Mamikonean House with a brigade of armed comrades, their friends and troops organized and armed for war. [They] took in hand the shield of Faith and zeal for the divine Word clothed them like armor of security and truly before their very eyes you might say that they saw their halos descend to them. Thus did they scorn death, considering it better to die on the Divine Path. [The *History* alluded to above also tells] how the Iranian troops came against them with severe violence and how, when they clashed [the Vardaneank'] received martyrdom and how the blessed witnesses of Christ who had been captured by the pagans underwent martyrdom at Apr Shahr, close to the city of Niwshapuh, at a place called T'eark'uni.

---
1 Karmir: "the Red".

Այն ամենայն ի ձեռն այլոց գրեցաւ. որպէս ցուցանէ նոյն իսկ պատմութիւնն: Բայց զայն ամենայն, որ ի Պերոզի ժամանակն եղեալ չարութիւն, եւ զառ ի Խոսրովայ զապստամբութիւնն զՎարդանայ, եւ զզաւրացն Պարսիցն զապստամբելն ի յՈրմզդէ. զմահն Որմզդի եւ զթագաւորելն Խոսրովայ. զմահն Մաւրկայ եւ զթագաւորելն Փոկասայ. զառնուլն Եգիպտոսի. զկոտորածն Աղեքսանդրի. զդիմելն Հերակղի ի կողմանս հիւսիսոյ առ արքայն Թէտալացւոց. զյուղարկումն անհուն բազմութեանն ազգաց. զասպատակն Յունաց յԱտրպատական, զառ եւ զաւար. եւ զդարձն ընդ Փայտակարան. զեկ զաւրացն Պարսից յարեւելից զդիմի հարկանել նմա. զպատերազմն որ յաշխարհին Աղուանից. զդարձ կայսերն ի Նախճրւան քաղաքն եւ զկռիւն Արճիշոյ. զգնալն կայսեր անդէն ի սահմանս իւր. զմեւս եւս այլ դիմելն ի վերայ Խոսրովայ. զգործ պատերազմին՝ որ ի Նինուէ. զասպատակն որ ի Տիսբոն քաղաք. զդարձն յԱտրպատական. զմահն Խոսրովայ. զթագաւորելն Կաւատայ. զհաշտութիւն՝ որ ի մէջ թագաւորացն երկոցունց. թզողուլն անդրէն ի բաց զսահմանսն Յունաց. զդարձ աստուածեան խաչին ի քաղաքն սուրբ: Յետ այսորիկ զարթուցեալ անհուն բարկութիւն, եւ զվերջին աղէտս հինին՝ որ ի կողմանս հարաւոյ, եւ թէ ո՛րպէս յանկարծաւրէն շարժեցան բանակքն Իսմայելի, եւ ի վայրկեան ժամանակի վանելով զզաւրութիւն թագաւորացն երկոցունց՝ կալան յՅեգիպտոսէ մինչեւ յայսկոյս գետոյն մեծի Եփրատայ եւ ցսահման Հայաստանեայց, եւ յեզերէ ծովուն մեծի Արեւմտից մինչեւ ի դուռն թագաւորութեանն Պարսից զամենայն քաղաքս Միջագետաց Ասորւոց եւ զՏիսբոն եւ զՎեհ Արտաշիր եւ զՄարանդ, զՀամադան մինչեւ զԳանձակ քաղաք եւ ցՀրատն մեծ՝ որ յԱտրպատական գաւառի:

But I wished to concisely write down and narrate to you [information] about all the following [events]: all the evil which transpired in Peroz' time; Vardan's rebellion against Xosrov; the rebellion of the Iranian troops from Ormizd; Ormizd's death and the enthronement of Xosrov; Maurice's death and the reign of Phocas; the taking of Egypt; the destruction of Alexandria; the appeal of Heraclius to the king of the T'eatalats'ik' in the Northern parts and the sending of countless multitudes of peoples [in response to Heraclius' appeal]; the Byzantines' raiding in Atrpatakan, the loot and booty; the return via P'aytakaran; the coming of Iranian troops from the east to strike at him; the war which occurred in the land of Aghuania; the emperor's turn to the city of Naxchewan and the fight at Archish; the emperor's departure thence to his own borders; the other attack on Xosrov; the warfare which occurred at Ninue; the raid upon the city of Ctesiphon; the return to Atrpatakan; Xosrov's death; the enthronement of Kawad; the reconciliation which occurred between the two kingdoms [Byzantium and Iran]; then the ceding of borders to the Byzantines; the return of the divine Cross to the Holy City. [Then I shall describe] the arousal of fathomless [divine] anger and the final disasters [brought on] by the marauders from the Southern parts [the Arabs]; how the armies of the Ishmaelites unexpectedly moved forth and, in a moment's time, overthrowing the might of both kings, seized [territories extending] from Egypt to this side of the great Euphrates river and to the border of the Armenians, from the shores of the great sea in the West [the Atlantic] to the gate/court of the Iranian kingdom, [taking] all the cities of Mesopotamia of the Syrians, and Ctesiphon, Veh Artashir, Marand, Hamatan as far as the city of Gandzak, and the great Hrat which is located in the district of Atrpatakan.

Ա. Ապստամբութիւն Վահանայ ի Պերոզէ, եւ գրաւել զիշխանութիւնն, եւ պատերազմաւ յաղթել. մահ Պերոզի եւ թագաւորել Կաւատայ եւ պատուել զՎահանն մարզպանութեամբ. մահ Կաւատայ եւ թագաւորել Խոսրովայ՝ որ Անուշ Ռուան կոչի. ապստամբիլ Վարդանայ եւ ծառայել Յունաց. պատերազմ Խոսրովայ եւ պարտիլ:

Եւ եղեւ յամս Պերոզի արքայի Պարսից բարձումն ամենայն իշխանութեանցն եւ կարգաց եւ աւրինաց քրիստոնէութեան, եւ այնպիսի վտանգ նեղութեան հալածանաց եւ քամահանաց ի վերայ հասեալ իշխանաց, մինչ զի ի բաց ընկեցին յինքեանց զլուծն ծառայութեան: Եւ ապստամբեալ Մամիկոնեանն Վահան՝ հալածեաց զՊարսիկս եւ բռնաբարայն գրաւեաց զիշխանութիւնն:

Յայնժամ արձակէ ի վերայ նորա Պերոզ արքայ՝ Հոնաց զաւր յոյժ: Եւ հրաման տայ խիստ սաստիւ սպանանել զապստամբն, եւ հարկանել զամենայն արու սրով սուսերի: Ընդդէմ սորա աճապարեալ Վահան սպարապետ Լ հազարաւ ընտիր վառելոց, կարգին գունդ առ գունդ եւ ճակատ առ ճակատ, եւ յարձակին ի միմեանս ի ձայն փողոյ տագնապաւ ի դաշտին Գերանայ:

Անդ յաւգնութիւն հասեալ աստուածեան Բանն, հողմն սաստկացուցեալ զմրրիկ փոշւոյն՝ զզաւրաւքն. Պարսից հեղոյր, իբրեւ զմութ խաւարի՝ զնոսա պատէր ի միջաւրեայ ժամանակի: Սաստիկ կոտորած լինէր երկոցունց կողմանցն, եւ ոչ գոյր ընտրել զդի անկելոցն, ո՛չ զպարսիկ եւ ո՛չ զհայ զաւրական: Բայց սակայն զաւրացեալ զաւրն Հայոց վանեցին անդ կոտորածով զզաւրն Պարսից, եւ զմնացեալսն փախստական արարեալ հալածական տանէին. եւ դարձան յաղթութեամբ մեծաւ:

I. Vahan's rebellion from Peroz, the seizure of authority and triumph in battle. Peroz' death, the enthronement of Kawad, and the honoring of Vahan with the marzpanate. Kawad's death and the enthronement of Xosrov called Anushirvan. The rebellion of Vardan and service to the Byzantines. The war and defeat of Xosrov.

During the years of Peroz, king of Iran [A.D. 459-84], the suppression of all principalities, and orders and laws of Christianity and such danger of persecutions and contempt were visited upon the princes that they threw off the yoke of service. Vahan Mamikonean rebelled, persecuted the Iranians, and seized authority by force.

Then king Peroz released upon him many Hun troops, commanding that the rebels be killed with great severity and that all males be put to the sword. *Sparapet* Vahan hastened against this [army] with 30,000 select armed men. They massed in order, brigade against brigade, front against front, and with all possible speed they attacked each other, to the sound of trumpets, in the plain of Geran.

The Word of God came to aid [the Armenians], stirring up the wind and pouring upon the Iranian troops a dust storm which in midday enveloped them like a dark eclipse. There was enormous destruction on both sides and it was impossible to distinguish Iranian from Armenian among the corpses. However, eventually the army of the Armenians drove back the army of Iranians, making fugitives of the remainder and pursuing them. They turned back from this with great triumph.

Այս Վահան ժողովեաց եւ զհարկս աշխարհիս Հայոց եւ շինեաց եկեղեցիս մեծամեծս, զոր աւերեալ էր Պարսից ի Վաղարշապատ քաղաքի եւ ի Դւնի եւ ի Մզրայս եւ ի բազում տեղիս աշխարհիս Հայոց: Եւ շինեալ զերկիրս նորոգեաց վերստին:

Իսկ Պերոզի արքային Պարսից՝ թէպէտ եւ կամեցաւ վերստին զաւրս գումարել ի վերայ աշխարհիս Հայոց, ո՛չ եղեւ նմա պարապ. զի համբաւք թշնամեացն ստիպէին զնա ի կողմանցն Քուշանաց: Եւ յայնմ մարզէ, զի ինքն իսկ արքայն Քուշանաց խաղացեալ գայր ի վերայ նորա զաւրու մեծաւ:

Եւ նորա գումարեալ զաւրս իւր՝ գնաց ընդդէմ նորա տագնապաւ մեծաւ: Ասէ. «Երթայց նախ առաջին զնա վանեցից, եւ ապա պարապաւ դարձեալ գնացից ի Հայս, եւ մի՛ խնայեսցէ սուր իմ ի նոսա, յարս եւ ի կանայս»:

Եւ ինքն անցեալ փութանակի եհաս ընդդէմ թշնամւոյն յարեւելս. եւ եղեւ պատերազմն սաստիկ. հարին եւ կործանեցին զբազմութիւն զաւրացն Պարսից, մինչեւ ո՛չ մնաց ի նոցանէն ապրեալ եւ փախստական: Եւ մեռաւ Պերոզ արքայ ի պատերազմին հանդերձ եւթանեքումբք որդւովքն:

Եւ ապա յայնժամ թագաւորեաց Կաւատ որդի նորա ի վերայ աշխարհին Պարսից: Եւ զի բեկեալ էր զաւրութիւն բազմութեանն զաւրաց իւրոց, ո՛չ ընդ ումեք կամեցաւ ունել գործ պատերազմի, այլ արար խաղաղութիւն յամենայն կողմանց. առնէ եւ ընդ Հայոց հաշտութիւն, եւ կոչէ զՎահան ի դուռն, եւ մեծարէ զնա մեծապէս պատուով: Եւ տայ նմա զմարզպանութիւն աշխարհին եւ զՄամիկոնեաց տէրութիւնն, եւ երդում առ բազում ի ծառայութիւն, եւ արձակէ բարեաւ յերկիր իւր:

Vahan both collected the taxes of the land of Armenia and also [re]built the very great churches which the Iranians had ruined in the city of Vagharshapat, in Dwin, in Mzur, and in many places in the land of Armenia. Building the country up, he again renewed it.

Now despite the fact that the Iranian king Peroz wanted to mass troops against Armenia again, he had no opportunity since news of [the coming of] enemies forced him to go to the Kushan area because it was from that very border that the king of the Kushans himself was coming against [Peroz] with a large army.

Assembling his troops, [Peroz] went against [the Kushan king] with great haste, saying: "First I shall expel him, then, having nothing further to do, I shall go to Armenia once more and shall spare neither man nor woman from my sword."

When [Peroz] arrived, he quickly went to face the enemy in the East. An intense battle took place and [the Kushans] struck and destroyed the multitude of Iranian troops, so much so that none was left alive to flee. King Peroz and seven of his sons died in the battle.

Then [Peroz'] son Kawad ruled the land of Iran.[2] Because the strength of the multitude of his troops had been shattered, he did not want to make war with anyone; rather, he made peace on all sides [including] reconciliation with the Armenians. He summoned Vahan to court and exalted him with great honor. He gave him the *marzpanate* of the land [of Armenia] and the lordship of the Mamikonean [House]. He promised much in service and benevolently sent [Vahan] back to his country.

---

2 Kawad reigned twice, from 488-96 and from 498-531.

Յետ Վահանայ կալաւ զիշխանութիւնն Վարդ Պատրիկ եղբայրն նորա սակաւ ինչ ժամանակ, եւ մեռաւ: Զկնի նորա եկին մարզպան պարսիկք. ապա ո՛չ կարացին պատերազմիլ Հայք, ի հնազանդութեան կացին մինչեւ ցՍուրէնն մարզպան եւ ցՎարդանն Մամիկոնէից տէրն:

Եւ եղեւ ի ԽԱ ամի թագաւորութեան Խոսրովայ որդւոյ Կաւատայ՝ ապստամբեաց Վարդան եւ ի բաց եկաց ի ծառայութենէ թագաւորութեանն Պարսից հանդերձ միաբանութեամբ ամենայն Հայաստանեաւք: Սպանեալ զՍուրէնն մարզպան յանկարծաւրէն ի Դւին քաղաքի՝ առին զաւար բազում եւ գնացին ի ծառայութիւն Յունաց:

Յայնժամ յառաջ քան զայս ապստամբեալ ի բաց եկաց ի Հայոց անուանեալ Վահան իշխան աշխարհին Սիւնեաց, եւ խնդրեաց ի Խոսրովայ յարքայէն Պարսից, զի տարցեն զդիւան աշխարհին Սիւնեաց ի Դւնայ ի Փայտակարան քաղաք, եւ կարգեսցէ զքաղաքն ի շահրմար Ատրպատականի, զի մի՛ եւս կոչեսցի անուն Հայոց ի վերայ նոցա: Եւ կատարէր հրամանն:

Իսկ առ Հայոց երդնոյր թագաւորն Յունաց, եւ հաստատէր զնոյն ուխտ՝ որ ի մէջ թագաւորացն էր երկոցունց, երանելւոյն Տրդատայ եւ Կոստանդիանոսի. եւ տայր նոցա զզաւրսն կայսերական յաւգնութիւն: Եւ նոցա առեալ զզաւրն՝ դիմեցին ի վերայ քաղաքին Դւնայ եւ պաշարեալ կործանեցին ի վերուստ մինչեւ ի վայր, եւ հալածեցին զզաւրն Պարսից որ ի նմա կային:

Բայց եհաս ի վերայ նոցա յանկարծաւրէն խռովութիւն մեծ, զի զեկեղեցի սրբոյն Գրիգորի, որ շինեալ էր մերձ ի քաղաքն, էին արարեալ համբարանոցս Պարսիկքն, հարին հուր եւ այրեցին. վասն որոյ եղեւ նոցա խռովութիւն մեծ:

After Vahan, authority was wielded by his brother Vard *Patrik* [who ruled] for a short time,[3] and died. After him came Iranian *marzpans*. The Armenians were unable to rebel, and remained in obedience until [the time of] the marzpan Suren and Vardan, lord of the Mamikoneans.

In the 41st year of the reign of Kawad's son Xosrov, Vardan rebelled with all Armenia united behind him and stopped serving the Iranian king. [They] killed the marzpan Suren unexpectedly in the city of Dwin, took much loot, and went in service to the Byzantines.

Prior to this rebellion the prince of the land of Siwnik', named Vahan, broke away from the Armenians. He requested of the Iranian king Xosrov that they take the *diwan* of the land of Siwnik' from Dwin to the city of P'aytakaran, and that the city be ranked in the Atrpatakan Shahrmar, so that the name "Armenian" no longer be applied to them. [Xosrov] so ordered.

Now the emperor of the Byzantines made an oath with the Armenians, confirming the same oath which had existed between those two venerable kings, Trdat and Constantine, and he gave them imperial troops in aid. Taking the troops, [the Armenian rebels] turned upon the city of Dwin, besieged and destroyed it and pursued the Iranian force which was there.

But suddenly great agitation came upon them, for it was learned that the Iranians had set fire to and burned down the church of saint Gregory which had been built near the city, and which the Iranians had turned into a granary.

---

3 Vard Patrik ruled from 505-509, or 510-514.

Գայ ապա ի վերայ նորա Միհրանն Միհրեւանդակ Ի հազարաւ զաւրու եւ փղաւք բազմաւք: Եւ եղեւ պատերազմ մեծ ի դաշտին Խաղամխեայ. եւ հարեալ զզաւրն Պարսից անհնարին հարուածովք մաշէին ի սուր սուսերաց, զփիղսն զամենայն թափէին: Եւ Միհրանն սակաւուք պրծեալ գնացին յերկիրն իւրեանց:

Այս այն Վարդան է, յորոյ վերայ եկն ինքն արքայն Պարսից, կոչեցեալ Անուշ Ըռուան Խոսրով, հանդերձ բազմութեամբ սպառազէն զաւրացն եւ փղաւք բազմաւք, եւ ճանապարհ կալեալ ընդ գաւառն Արտազու՝ գնաց ընդ Բագրեւանդ, զանց արարեալ զԿարնոյ քաղաքաւ: Եւ կալեալ ճանապարհ գնաց ի Մեղիտինէ եւ բանակեցաւ դէմ յանդիման նորա:

Եւ ի վաղուեան առաւաւտուն հապճեպ ստիպով կարգեն գունդ առ գունդ եւ ճակատ առ ճակատ, եւ բաղխէին զմիմեանս պատերազմաւ: Եւ սաստկացաւ պատերազմն ի վերայ երեսաց երկրի, եւ խմբեցաւ պատերազմն յոյժ. եւ մատնեաց Տէր ի պարտութիւն զթագաւորն Պարսից եւ զաւրս նորա զամենայն: Եւ խորտակեցան առաջի թշնամեացն սրով սուսերի, եւ փախեան յերեսաց նոցա սաստիւ տագնապաւ. ո՛չ գիտելով զճանապարհս փախստեան իւրեանց՝ երթեալ ամացան ի գետն մեծ, որ կոչի Եփրատէս: Եւ ուռուցեալ ի վեր ջուրն՝ խաղացոյց զբազմութիւն փախստականացն իբրեւ զբազմութիւն մարախոյ, եւ ո՛չ կարացին յաւուր յայնմիկ ճողոպրել բազումք: Բայց թագաւորն մազապուր պրծեալ սակաւուք՝ ի փիղս եւ ի ձին ապաստան եղեալ, փախստական ընդ Աղձնիսն անդրէն ի կայեանս իւր երթայր:

Then Mihrewandak the Mihran came against them with 20,000 troops and numerous elephants. There was a big battle in the Xaghamaxik' plain. [The Armenians] struck unbelievable blows at the Iranian forces, dulling their swords, and they captured all the elephants. The Mihran escaped with a few men, and they went to their country.

This is that very Vardan against whom the Iranian king himself, called Xosrov Anushirvan, came with a multitude of armed men and many elephants. Traveling through the district of Artaz, [Xosrov] went through Bagrewand, passing the city of Karin, took the road to a certain spot and encamped opposite [Vardan].

Early next morning, with great haste they ranged themselves brigade opposite brigade, front opposite front, and then clashed in battle. And the war was fought with increasing intensity and they fought very hard. And the Lord visited defeat upon the king of the Iranians and all his troops. They were crushed before the swords of their enemies and fled from them in frantic panic. Not knowing their path of flight, [the Iranians] went and took refuge in the great river called Euphrates. But the water rose and swept away that multitude of fugitives as though they were a host of locusts; and many were unable to save themselves on that day. The king, however, was able to escape by a hairsbreadth, together with a few men thanks to the elephants and horses. He fled through Aghdznik' and on to his abode.

Եւ նորա առին զքանակն ամենայն հանդերձ արքունական գանձիւքն։ Եւ կալան զքամբիշն եւ զքանուկան եւ թափեցին զՄաշապերճանն, ամենայն դեսպակն ոսկեղէն բազմաքանքար, որ էր ակամբք պատուականաւք եւ մարգարտաւ յաւրինեալ, որ անուանեալ կոչէր ի նոցունց դեսպակ փառաց։ Առաւ եւ Հրատն, զոր ընդ ինքեան շրջեցուցանէր թագաւորն հանապազորդ յաւգնականութիւն իւր, որ մեծագոյն համարեալ էր քան զամենայն կրակ, որ կոչէր ի նոցունց Աթաշ. հեղձաւ ի գետն հանդերձ Մովպետան Մովպետաւ եւ այլ բազմութեամբ մեծամեծ աւագաց։ Յամենայն ժամ աւրհնեալ է Աստուած։

[The Armenians] took the entire camp, together with the royal treasures. They captured the Bambish[4] and the camp and they seized the *Mashaperchan*, the entire palanquin of very heavy gold which was worked with precious stones and pearls, which they called the palanquin of glory. They also took the Fire which the king always used to take around with him to bring him aid, and which was regarded as greater than all the fires and which they called [the] *Atash*.[5] A multitude of the senior grandees had drowned in the river, as had the *Movpetan Movpet*. Blessed is God, always.

---

4 *Bambish:* "queen".
5 *Atash:* fire.

Բ. Ի Քրիստոս հաւատալ եւ մկրտիլ Անուշ Ըռուանայ յեպիսկոպոսէն, եւ ննջումն. թագաւորել Որմզդի. հարկանել Վահրամայ զզաւրս Թէտալացւոց եւ պատերազմիլ ընդ արքային Մազքթաց, եւ սպանանել զնա անդ. ապստամբութիւն Վահրամական զաւրացն ի Խոսրովայ եւ փախուստ. գալ Վահրամայ. աւգնութիւն խնդրել Խոսրովայ ի կայսերէն Մաւրկայ:

Այս Խոսրով, որ կոչեցաւ Անուշ Ըռուան՝ ի ժամանակս իւրոյ թագաւորութեանն, յառաջ քան զապստամբութիւնս զայս, հաստատեաց զերկիր, քանզի էր խաղաղասէր եւ աշխարհաշէն: Եւ ի լինել ապստամբութեանն այնորիկ, յայնմ հետէ ընդոստուցեալ զարթեաւ ի բարկութիւն, զանձն անվնաս համարեալ իբր թէ՝ «Հայր էի ամենայն երկրի, եւ ոչ տէր, եւ սնուցեալ զամենեսեան իբրեւ որդի եւ սիրելի: Եւ արդ՝ ասէ, ի նոցանէ խնդրեսցէ Աստուած զարիւնս զայս»: Այս Խոսրով ի ժամանակս իւրոյ թագաւորութեանն կապեաց զպահակն Ճորայ եւ Աղուանից. կալաւ ձերբակալ զարքայն Եգերացւոց. եւ առ մարտիւ զԱնտիոք պիսիդացւոց, եւ գերեալ նըս-տոյց առ թագաւորական կայանին:

Շինեալ քաղաք եւ անուանեալ զնա Վեհ Անջատոք Խոսրով, զոր անուանեալ Շահաստանին Ոկնոյ կոչեն: Եւ առ սա զԴարա եւ զԿաղնիկոս, գերեաց ասպատակաւ եւ զկողմանս Կիւլիկէացւոց:

Կալաւ սա զթագաւորութիւնն ամս ԽԸ: Եւ ի ժամ վախճանին ծագեալ փայլակնացեալ զնովաւ լոյս աստուածային Բանին. քանզի հաւատաց ի Քրիստոս, ասելով այսպէս. «Հաւատամ ի միայն Աստուած, յայն՝ որ արար զերկինս եւ զերկիր, զոր քրիստոնեայքդ պաշտել խոստովանին, Հայր եւ Որդի եւ Հոգի Սուրբ. զի նա միայն է Աստուած, եւ այլ ո՛չ գոյ բաց ի նմանէ, զոր քրիստոնեայքն պաշտեն»:

II. Anushirvan's belief in Christ and his baptism by the bishop, and his death; the enthronement of Ormizd; Vahram's striking the troops of the T'etalats'ik', the war with the king of the Mazkut's and his death there; the rebellion and flight of the vahramakan troops from Xosrov; the coming of Vahram; how Xosrov sought aid from the emperor Maurice.

Prior to the rebellion,[6] this Xosrov, who was called Anushirvan, during his reign[7] had made the country strong, for he was a peace-lover and a builder of the land. But when the rebellion occurred [Xosrov] thereafter was roused to anger, regarding himself innocent [and saying]: "I was the father, not the lord, of the land and I nourished all like sons and dear ones. And now," he said, "may God seek this blood from them." This Xosrov during his reign closed the Gate of Chor and of Aghuania. He seized and handcuffed the Egerats'ik' king. Through warfare he took Pisidian Antioch and he settled the captives by the royal abode.

He built a city and named it Veh Anjatok' Xosrov, which is called Shahastanin Oknoy. And he took Dara and Callinicos through raiding, enslaving the Cilician parts.

[Xosrov] ruled the kingdom for 48 years. Now as he was dying, the radiant light of the divine Word was born in him, for he believed in Christ, saying: "I believe in one God Who made Heaven and Earth Whom Christians worship, confessing Father and Son and Holy Spirit, for He alone is God; and there is no other than He Whom the Christians revere."

---

6   *Rebellion:* c. 572.
7   Xosrov I, 531-79.

Եւ հրաման տուեալ սպասաւորացն՝ զմոգպետն արձակել արքունի ի հեռագոյն տեղիս ի գործ, եւ զայլսն մերժեալ յարքունական կայենիցն, եւ կոչեալ զեպիսկոպոսապետն, որ Երան կաթուղիկոս անուանի, մկրտեցաւ ի նըմանէ, եւ հրամայեաց ժամ առնել ի սենեկին, եւ ընթեռնուլ զտէրունական Աւետարանին զպատգամս, եւ հաղորդեցաւ կենդանարար մարմնոյ եւ արեանն Տեառն, եւ հրաժարեալ ի կաթողիկոսէն եւ ի տէրունեան Աւետարանէն՝ եւ արձակեն զնա յիւր տեղին:

Եւ ապա զկնի սակաւ ինչ աւուրց ննջեաց ի բարւոք ծերութեան իւրում. եւ բարձեալ զմարմին նորա քրիստոնէիցն՝ տարեալ եդին ի շիրիմս թագաւորացն: Եւ թագաւորէ Որմիզդ որդի նորա յետ նորա:

Եւ արդ՝ այս են զաւրավարք արքային Պարսից, որ եկին մի ըստ միոջէ յերկիրս Հայոց՝ յապստամբութենէ Վարդանայ Մամիկոնէից տեառն որդւոյն Վասակայ, մինչեւ ցայսաւր ժամանակի: Ոմանք մեռան ի պատերազմի, եւ ոմանք պատերազմեցան, եւ ոմանք յաղթութիւն գործեցին եւ գնացին: Յորժամ սպանին զՍուրէն մարզպան՝ ի նմին ամի եկն Վարդան Վշնասպ ոմն, եւ գործ ինչ ո՛չ կարաց գործել. եկաց ամ մի եւ գնաց: Ապա եկն եւ Գողոնն Միհրանն Ի հազարաւ զաւրաց սպառազինաց եւ փղաւք բազմաւք, եւ ունէր նա ընդ ինքեան սատարս բազումս ի ճամբարէ անթիւ ազգացն, որ բնակեալն են ընդ լեռնակողմամբն Կովկասու ազգք Հոնաց, եւ հրաման յարքայէն՝ զի անճետս արասցեն զարս ի յաշխարհէն Հայոց, խլել, բրել, յատակել եւ անխնայ յերկիր կործանել:

Եւ եկեալ նա, բայց եթէ ուրեք յանմատոյց ամրոցաց ուրեմն մնացեալ ապրեցան մարդիկ եւ կամ թէ՝ ուրեք ի հեռագոյն աշխարհս փախստական գնացին: Բայց սակայն ո՛չ կարացին բազումք ճողոպրել. քանզի զորս գտանէին՝ սուր ի վերայ եդեալ սատակէին: Սա արար կռիւ մի ի Վիրս, եւ պարտեցաւ: Եկն ի Հայս, եւ առ զԱնկղ սուտ երդմամբ:

He ordered his attendants to send the *mogpet* far from court to a place of work, that others be ejected from the royal abodes, and he summoned the head bishop, who is called the Eran Catholicos. [Xosrov] was baptized by the latter and commanded that divine services be held in the chamber. He read the message in the Lord's Gospel, and he communed in the vivifying Body and Blood of the Lord. Bidding farewell to the Catholicos and the Lord's Gospel, [Xosrov] sent him to his place.

After a few days he departed this life in good old age. Christians took his body and placed it in the tomb of kings. Ormizd, [Xosrov's son], ruled after him.[8]

Now here is [a list of the] generals of the Iranian king who came one after the other to the country of Armenia from [the time of] the rebellion of Vardan, lord of the Mamikoneans, the son of Vasak, up to the present. Some of them died in battle, some battled, some triumphed and then departed. When they killed Suren the marzpan, that same year a certain Vardan Vshnasp came, accomplished nothing, remained for a year and then departed. After him came Goghon Mihran with 20,000 armed troops and many elephants, and many to help him from among the countless peoples who inhabit the Caucasus mountains, the Hun people. [He also had] an order from the king to eliminate [all] men in the land of Armenia, to seize, dig up, to raze to the ground, to mercilessly destroy the country.

Thus did [Mihran] come. Some people were able to save themselves by going into impregnable fortresses; others fled to a more distant land. Nonetheless, many were unable to save themselves because whomever they chanced upon they put to the sword. [Mihran] battled once in Iberia [Georgia], but was defeated. He came to Armenia and took Ankgh by a false oath.

---

8 Hormizd IV, c. 579-590.

Փիլիպպոս, Սիւնեաց տէր. արար կռիւ մի ընդ քաղաք եւ ընդ Խաղամախիս. եւ կռիւ մի ի Վանանդ, ի յՈւթմնու գեղ, եւ յերկոսեանն պարտեցաւ. եկաց նա ամս Է եւ գնաց:

Ապա եկն ինքն արքայն Որմիզդ որդի Անուշ Ըռուան Խոսրով, որ զՎնդոյն կապեալ էդ է Գրուանդականի, եւ Վստամ պրծեալ գնաց փախստական. Եւ ո՛չ սակաւ ինչ պատերազմունս զարթոյց սա յաւուրսն յայնոսիկ շուրջ զիւրեաւ:

Եւ եղեւ ի ժամանակին յայնոսիկ Վահրամ ոմն Մէրհեւանդակ, իշխան արեւելից կողմանց աշխարհին Պարսից՝ որ հարկանէր քաջութեամբ իւրով զզաւրս Թետալացւոց եւ բռնութեամբ ունէր զԲահլ եւ զամենայն երկիրն Քուշանաց՝ մինչեւ յայնկոյս գետոյն մեծի՝ որ կոչի Վեհռոտ եւ մինչեւ ցտեղին՝ որ կոչի Կաղբիոն: Քանզի զանց արար յայնկոյս նիզակի քաջին Սպանդիատայ, զորմէ ասեն բարբարոսքն եթէ՝ «հասեալ նա պատերազմաւ մինչեւ ցայս վայր, ցցեալ զնիզակ իւր ի գետնի:»

Յայնժամ արարեալ Վահրամայն այնորիկ պատերազմն ընդ մեծի արքային Մազքթաց, որ էր ի կողմանն յայնմիկ, յայնկոյս գետոյն մեծի՝ եհար զբազմութիւն զաւրացն, եւ սպան զթագաւորն ի պատերազմի. եւ ըմբռնեալ յափշտակեաց զամենայն զգանձս թագաւորութեանն այնորիկ:

Յայնժամ առաքէ առ արքայն Պարսից ի ձեռն հրեշտակաց իւրոց հրովարտակս աւետաւորս, եւ սուղ ինչ աւարամասն ի մեծամեծ գանձուցն հասելոց յաւարէ ասպատակին, նշանակ թագաւորութեանն ի պատուական իրացն, եւ զամենայն զգանձն զաւրուն շնորհէ ըստ իւրաքանչիւր արժանաւորութեան:

P'ilippos, lord of Siwnik', fought a battle between the city and Xaghamaxik', as well as a battle at Ut'mus village in Vanand, but was defeated in both. He remained seven years, and then departed.

Then came Ormazd, son of Anushirvan Xosrov, the king himself. He had bound Vndo and left him in Gruangakan, though Vstam had escaped and gone as a fugitive and not a few were the wars he stirred up in those days.

In this period there lived a certain Vahram Merhewandak, prince of the eastern parts of the land of Iran, who in his bravery had beaten the troops of the T'etalats'ik' and held through force Bahl and the entire country of the Kushans from the far side of the great river called Vehrot as far as the place called Kazbion. [Indeed], on the far side [of the river] he had left behind the spear of the brave Spandiat about whom the barbarians say "Having reached this far in battle, he cast his spear into the river."

It was then that this Vahram made war on the king of the Mazk'ut' who was in those parts on the far side of the great river. [Vahram] struck at the multitude of his troops, killed the king in battle, and ravished all of the treasures of that kingdom.

Then [Vahram] sent to the Iranian king by means of his messengers' documents announcing the glad tidings [but] only an insignificant part of the loot from the very great treasures—the insignia of the [fallen] kingdom among the honored goods—[while] he dispensed all the [rest of the] treasure among his troops according to each one's merit.

Արդ՝ իբրեւ տեսեալ թագաւորին Որմզդի զիրեշտակսն եկեալս աւետաւորս, եւ ընթերցեալ զգիրս ողջունի զաւ- րացն, եւ ընկալեալ զընծայսն աւարամասն ի պատուական յարքունական գանձուցն, թէպէտ եւ խնդացեալ վեր ի վե- րոյ զմարդկան զմիտս հաճէր՝ այլ ի ներքուստ ցասմամբ բարբառեալ ասէր. «Ընթրիքն առաւել մեծագոյն, եւ զնշանն ի պատառոյս ճանաչեմ. բայց յայնչափ սաստիկ գանձուցն ոչ էր արժան այնչափ հասանել յարքունիս»:

Յայնժամ փոխանակ աւետաւոր հրովարտակին հրա- մայէ գրել հրովարտակ առաւել ցասմամբ, եւ արձակէ ի գն- դէն համահարզանց եւ փուշտիպանացն արքունի, զի երթի- ցեն առ զաւրն, եւ զգանձն զամենայն ի միջի արասցեն: Եւ նոցա երթեալ սկսան պահանջել:

Յայնժամ ընդոստուցեալ զաւրն ամենայն, սպանին զհաւատարիմս արքային, եւ ի բաց կացեալ ի ծառայութե- նէ նորա՝ զՎահրամ նստուցին թագաւոր իւրեանց: Երդումն կնքեցին ըստ աւրինի իւրեանց. միաբանեցան եւ դարձան յարեւելից եւ դիմեցին յԱսորեստան, զի սպանցեն զթագա- ւորն իւրեանց զՈրմիզդ, եւ բարձցեն զտունն Սասանական, եւ հաստատեսցեն զՎահրամ յաթոռ թագաւորութեանն:

Եւ փութանակի ժողովեալ եւ առեալ գնացեալ զբազ- մութիւն քաջ եւ մարտիկ ազգացն արեւելից: Արդ՝ մինչեւ ցայս այսպէս շփոթ ամբոխի ի մէջ Պարսից աշխարհին լե- ալ՝ Յովհան պատրիկ եւ զաւրք Յունաց պատեալ պաշար- եալ պահէին զքաղաքն Դւինայ, մարտուցեալ ընդ նմա մե- քենայիւքն՝ մերձ էին ի կործանել զպարիսպն:

Իբրեւ եհաս լուրս այս՝ թողին զնա եւ գնացին. ճանա- պարհ կալեալ յԱտրպատական՝ լաստեցին զերկիրն ամե- նայն, հարեալ զամենայն զայր եւ զկին բերանով սրոյ իւր- եանց, առեալ զամենայն առ եւ զգերի եւ զաւար՝ դարձան յեր- կիրն իւրեանց:

Now when king Ormazd saw the envoys who had come with the good news, when he read the letter of greeting from the troops and received from the worthy royal treasures the gifts of war-portion while outwardly he humored the men, inwardly he was blazing with wrath and saying: "I recognize the insignia of honor, [and that] the meal was more than great, but from the treasures amassed it is not proper that such [a small amount] should be forwarded to the court."

So, in return for the message of good news, he ordered written a *hrovartak* filled with rage, and he sent [troops] from the brigade of *hamazars*[9] and royal *p'ushtipans*[10] to go to [Vahram's] troops and take all the loot from them. The troops went and began demanding [the loot].

At that point the entire force became excited and killed the king's men. They left the king's service, seated Vahram as their king, swore an oath according to their custom, united and left the East. They headed for Asorestan, to kill their king, Ormazd, do away with the House of Sasan, and establish Vahram on the throne of the kingdom.

[He] quickly assembled and took along the multitude of brave and warlike peoples of the East. While there was such chaos occurring in the land of Iran, [in Armenia] Yovhan *Patrik* and Byzantine troops were holding the city of Dwin under siege. They were fighting using [siege] machinery and were close to destroying the wall.

When news of this [i.e., events in Iran] reached them, they left off [the siege] and departed for Atrpatakan. They ravaged the entire country, putting all men and women to the sword. Taking all the loot, captives, and booty, they returned to their country.

---

9   *Hamazar:* aide-de-camp.
10 *P'ushtipan:* bodyguard.

Արդ՝ իբրեւ եհաս լուր աղաղակիս այսորիկ ի դուռն Սասանականին, առ Որմիզդ թագաւորն Պարսից՝ ոչ սակաւ ինչ երկունք աճի պատեցին զնա: Եւ կոչեցեալ զնախարարս որ ի դրանն արքունի եւ զգունդս համահարզանց եւ զփուշտիպանացն, եւ խորհուրդ արարեալ՝ առնուլ զգանձն թագաւորութեան եւ զամենայն ամբոխ դրանն արքունի, եւ անցանել յայնկոյս գետոյն մեծի Դգղաթայ ընդ զոմ ի Վեհկաւատ, եւ հատանել զլարսն կամրջացն. եւ խորհէր իւր ապաւէն առնել զբազմութիւն ամբոխին արքային Տաճկաց:

Իսկ այս ոչ այսպէս պատկանէր. քանզի խորհուրդ արարեալ խորհին արանց եւ համահարզանց եւ փուշտիպանաց արքային, զի սպանցեն զՈրմիզդ եւ նստուսցեն թագաւոր զորդի նորա զԽոսրով. խորհուրդ արարեալ լուծանել զնա եւ առնել իւրեանց առաջնորդ եւ գործոյն գլխաւոր: Եւ գնացեալ ի բերդն Գրուանդականի, լուծին զնա եւ զամենայն կալանաւորսն ընդ նմա, եւ արձակեալ զոմն սուրհանդակ հաւատարիմ երագագոյն երիվարաւք, եւ գրեալ առ Վստամ եղբայր, զի սաստիկ ստիպով վաղ հասցէ ի տեղի գործոյն. եւ եկեալ նա փութանակի:

Եւ ժողովեցան ամենայն նախարարք եւ զաւրագլուխք եւ զաւրք ի դահլիճն արքունի, որ ի ժամուն յայնմիկ հանդիպեցան անդ. եւ մտեալ ի սենեակ արքայի՝ կալան զթագաւորն Որմիզդ, եւ անդէն վաղվաղակի փորեցին զաչս նորա եւ ապա սպանին:

Եւ նստուցին զորդի նորա թագաւոր ի վերայ աշխարհին Պարսից. եւ սկսան առնել պատրաստութիւն փախստեան յայնկոյս գետոյն մեծի Դգղաթայ: Եւ ոչ յետ բազում աւուրց Վահրամն եկն եհաս փութանակի իբրեւ զխոյանալ արծուոյ:

Now when the clamorous news of this [event] reached Ormazd, the king of Iran, at the court of the Sasanians, he felt no few pangs of alarm. Summoning the *naxarars* who were at the royal court, the brigades of *hamaharzes* and the *p'ushtipans* [bodyguards], he planned to take the treasury of the kingdom and the entire court host, pass across the great Tigris river by bridge to Vehkawat [or, via Zom to Vehkawat], cut the bridges down and find asylum in the multitudinous hosts of the king of the Tachiks.

However, this did not come to pass. For the king's men, and *hamaharzes* and *pushtipans* resolved to kill Ormazd and to enthrone his son Xosrov. They decided to free [Vndo, Vstam's brother] to make him their leader and chief of the operation. They went to Gruandakan fortress and released him and all the captives with him. [Vndo] sent a trustworthy messenger with very swift horses to his brother. They went to Gruandakan fortress and released him and all the captives with him. [Vndo] sent a trustworthy messenger with very swift horses to his brother Vstam with the written message: "Come as fast as you can, and participate." And Vstam arrived quickly.

Then all the *naxarars* and commanders of troops, and soldiers assembled in the hall of the court at an hour when they met there. Entering the royal chamber, they seized, quickly blinded and then killed king Ormazd.

They enthroned [Ormazd's] son[11] as king of the land of Iran, then began to prepare to flee to the other side of the great Tigris river. Not many days later Vahram arrived with speed, like a pouncing eagle.

---

11 Xosrov II Aparvez, first reign 590.

Եւ քանզի մանուկ տղայ էր Խոսրով ի թագաւորել իւրում՝ առին զնա քեռիքն իւր Վնդոյ եւ Վստամ, եւ անցին յայնկոյս գետոյն մեծի Դգղաթայ ընդ զոմ, եւ հատեալ ի բաց զլարսն կամրջացն: Եւ եկեալ Վահրամն էառ զամենայն զտունն եւ զգանձ եւ զկանայս արքունի, եւ նստաւ ի գահոյս թագաւորութեանն: Եւ հրամայեաց կապել զլաստս փայտեղէնս, եւ անց զգետովն առ ի յըմբռնել զԽոսրով. բայց նորա յերկիւղէն ոչինչ կարաց ունել զտեղի: Իբրեւ անցին գնացին փախստական, եւ խորհեալ ի ճանապարհի, թէ ո՞ր լաւագոյն իցէ, երթալ առ արքայն Տաճկա՞ց, եթէ առ թագաւորն Յունաց:

Ապա լաւ համարեցան առնել իւրեանց ապաւէն զթագաւորն Յունաց: «Չի թէպէտ եւ է, ասեն, թշնամութիւն ի միջի, սակայն քրիստոնեայ են եւ ողորմած. եւ յորժամ երդնուն՝ ստել երդման ոչ կարեն»: Եւ գնացեալ ընդ արեւմուտս զուղիղ ճանապարհ երթեալ մտին ի քաղաքն՝ որ կոչի Խաղաք. եւ դադարեցին անդ:

Եւ սա թէպէտ անց զգետովն՝ ոչ կարաց հասանել. յետս դարձան անդրէն ի Տիզբոն:

Յայնժամ յղէ Խոսրով արքայ առ թագաւորն Մաւրիկ արս ճոխս պատարագաւք, եւ գրէ այսպէս. «Տուր ինձ զգահ եւ զտեղի թագաւորութեան հարց եւ նախնեաց իմոց, եւ արձակեա՛ ինձ զաւր յաւգնութիւն, որով կարացից հարկանել զթշնամին իմ, եւ կանգնեա՛ զթագաւորութիւն իմ, եւ եղէց քոյ որդի: Եւ տաց քեզ զկողմանս Ասորւոց, զԱրուաստանն ամենայն մինչեւ ի Մծբին քաղաք, եւ յերկրէն Հայոց՝ զաշխարհն Տանուտէրական իշխանութեանն մինչեւ ցԱյրարատ եւ ցԴուին քաղաք, եւ մինչեւ ցեզր ծովուն Բզնունեաց եւ ցԱռեստաւան. եւ զմեծ մասն Վրաց աշխարհին՝ մինչեւ զՏփխիս քաղաք. եւ կալցուք ուխտ խաղաղութեան ի մէջ մեր մինչեւ ցմահ երկոցունցս, եւ անշուշտ լիցի այս երդումն ի միջի մերում եւ ի մէջ որդւոց մերոց, որ թագաւորելոց իցեն յետ մեր»:

Because Xosrov was a small boy when enthroned, his uncles (mother's brothers) Vndo and Vstam took him across the great Tigris river by bridge, destroying the bridges after them. [Meanwhile], Vahram came and took all the tun, treasury, and women of the court and sat upon the throne of the kingdom. He ordered wooden rafts tied together and crossed the river to seize Xosrov. But [the latter], out of dread, was in no way able to halt for rest. As soon as [his party] crossed, they fled, wondering on the road whether it would be better to go to the king of the Tachiks or to the king of the Byzantines.

Finally they decided it best to seek refuge with the king of the Byzantines. "For", they said, "despite the hostility existing between [us], nonetheless [the Byzantines] are Christian and merciful, and they are unable to break a sworn oath." Going west by a direct route, they entered the city of Xaghab where they stopped.

[As for Vahram], although he crossed the river he was unable to catch up. He returned to Ctesiphon.[12]

Then king Xosrov sent men bearing costly gifts to emperor Maurice, and he wrote him the following: "Give me the throne and place of rule [which belonged] to my fathers and ancestors: dispatch an army to assist me defeat my enemy; establish my reign and I shall be your son. I shall give you the areas of the Syrians, Aruastan in its entirety as far as the city of Nisibis and from the country of the Armenians, the land of *Tanuterakan* rule [extending] as far as Ararat, and to the city of Dwin, and as far as the shore of the Sea of Bznunik'[13] and to Arhestawan [I shall also give] a large part of the land of Iberia [Georgia], as far as the city of Tiflis. Let there be an oath of peace between the two of us, lasting until our deaths, and between our sons who rule after us."

---

12   The text styles Xosrov *ark'ay* and Maurice *t'agawor*, though elsewhere both are called *t'agawor*. Hereafter we shall translate *t'agawor* as "emperor" when it refers to the Byzantine ruler, and as "king" for the shah.

13   *Sea of Bznunik*: Lake Van.

Արդ՝ ժողովեալ թագաւորին զամենայն սնկղիտոսն, հարցանէր ցնոսա խորհուրդ, եւ ասէր. «Սպանին Պարսիկք զՈրմիզդ զթագաւորն իւրեանց եւ նստուցին զորդի նորա թագաւոր: Եւ զայրք թագաւորութեանն նստուցին զայլ ոմն թագաւոր յԱրեւելս. եւ եկեալ նա զաւրու մեծաւ յինքն յափշտակեաց զթագաւորութիւնն. եւ մանուկ որդի նորա փախստական գնացեալ եկն առ մեզ, եւ խնդրէ ի մէնջ զաւրս յաւգնականութիւն, եւ խոստանայ առնել այսպէս: Արդ՝ զի՞նչ արասցուք, ընդունի՞մք. արժա՞ն է ընդունել, թէ ոչ»: Իսկ նոքա ասեն. «Ոչ է արժան ընդունել, զի ազգ մի անաւրէն են եւ ամենեւին ստու. ի նեղութեան իւրեանց խոստանան առնել, եւ յորժամը յանդորր եղանեն՝ ստեն. բազում չարիս կրեալ է մեր ի նոցանէ. թո՛ղ սպառեսցեն զմիմեանս, եւ մեք հանգիցուք»:

Անդ թագաւորն Խոսրով կայր ի մեծ վտանգի, եւ տեսանէր զմահ առաջի աչաց. զի զերծեալ էր ի բերանոյ առիւծու եւ անկեալ ի բերան թշնամեաց, ուստի փախուստ ոչ գոյր:

Իսկ թագաւորն մերժեալ զխորհուրդս սնկղիտոսացն՝ յինքենէ յղէր զՓիղիպիկոս զփեսայ իւր եւ տայր տանել պատասխանի ընդունելութեանն. առնոյր ի նմանէ երդումն, եւ տայր նմա զաւր կայսերական յաւգնականութիւն՝ զՅովհանն Պատրիկ ի Հայոց կողմանէ, եւ զՆերսէս ստրատելատ յԱսորւոց եւ զզաւրս նոցա. անցեալք ի հանդիսի, երեք հազար հեծեալ ըստ հարիւրաւորաց, ըստ հազարաւորաց, ըստ գնդից, ըստ դրաւշից իւրեանց:

Արդ՝ վասն զի մայր Շապհոյ դուստր ասպարապետին այնորիկ, որ էր նախարար տանն Պարթեւաց, որք մեռեալ էին, քոյր Վնդոյի եւ Վստամայ. եւ ինքն Վնդոյ էր այր իմաստուն եւ խորհրդական եւ սրտի արիագոյն՝ որպէս ասացի: Եւ արար պատերազմ մի մեծ ի Մեղիտինէ, յորում պարտեցաւ եւ գնաց: Ապա եկն Տամ Խոսրով, եւ արար երկու կռիւս, մի՝ ի Բասեան ի Բոլորապահակի, ուր Մուրց եւ Երասխ խառնին, եւ մի՝ ի Բագրեւանդ, ի Կըթնի: Եւ յերկոսինն յաղթութիւն գործեաց մեծամեծ. եկաց երկուս ամս եւ գնաց:

The emperor assembled the entire senate to ask their advice. He said to them: "The Iranians have killed their king Ormazd and then enthroned his son. However, the troops of the realm seated yet another man as king in the East, and he [Vahram] came with a large army and seized the kingdom for himself. [Ormazd's] young son has come to us as a fugitive seeking an auxiliary army from us, and in return has promised to do thus and so. Now what shall we do, accept him? Is he worthy of acceptance or not?" [The senators] replied: "It is not worth accepting him, for [the Iranians] are an impious people, and thoroughly false. For, in times of their own difficulties they make promises, but when the turmoil ends, they break those promises. We have suffered much wickedness from them. Let them wipe out each other, and we will have peace."

King Xosrov was in great danger then and could see death before his eyes because, having escaped from the lion's mouth, he had fallen into the mouths of enemies from which there was no escape.

However, the emperor rejected the senate's counsel, and instead sent his own son-in-law, Phillipicus, entrusted with a reply of acceptance [for Xosrov]. He received [Xosrov's] oath and gave him an imperial auxiliary army [including] Yovhan *Patrik* from Armenia, the *stratelate* Nerses from Syria plus their troops. They mustered 3,000 cavalry [massed] in hundreds and in thousands, in brigades, under their own banners.

The mother of [the Iranian commander] Shapuh was the daughter of the *asparapet* (who was from the *naxarar* House of the Part'ews which had died out)[14] and the sister of Vndo and Vstam. Vndo himself was a wise and sagacious man, and very brave-hearted, as I have said. He fought a great battle at Melitene, but was defeated and left. Then came Tam Xosrov who fought two battles: one in Basen [district] at Bolorapahak where the Murts' and Arax [rivers] mingle; and one in Bagrewand [district] at Ket'n. He was very successful in both [battles]. After remaining for two years, he departed.

---

14 The text seems corrupt: *dustr Asparapetin aynorik, or er naxarar tann Part'ewats', ork' merheal ein...*

Ապա եկն Վարազ Վզուրն եւ արար կռիւ մի ի Վանանդ ի յՈւթմսու գեղ, որ եւ նախ վանեցաւ, եւ ապա յաղթեաց. եկաց ամ մի եւ գնաց:

Ապա եկն ասպետն մեծ պարթեւն եւ պահլաւն, եւ արար կռիւ մի ի Շիրակաւանին եւ յաղթեաց. եկաց եւթն ամ եւ գնաց:

Ապա Հրահատն մարզպան, որ գնաց ի Մրծունին իւրայնոցն սատար ի պատերազմ. եւ անդ նոքա պարտեցան եւ ապա յաղթութիւն ստացան: Եւ անտի դարձեալ՝ արար կռիւ մի ի Բզնունիս ի Ծաղկաջուրն եւ յաղթեաց. եկաց չորս ամիս՝ եւ գնաց:

Ապա եկն Հրատրին Դատան մարզպան: Ապա այնուհետեւ ոչ կարացին Պարսիկք պատերազմաւ զդէմ ունել զաւրացն Յունաց: Առ սովաւ սպանաւ Որմիզդ, եւ թագաւորեաց որդի նորա Խոսրով: Եկաց ամս երկու եւ գնաց:

Ապա եկին սահմանակալք պարսիկք մինչեւ ցսպառումն խաղաղութեանն՝ որ ի մէջ Պարսից եւ Յունաց եւ ի մէջ թագաւորացն երկոցունց՝ Մաւրկայ եւ Խոսրովայ:

Եւ ապա Վընդատականն: Ապա Խորականն: Զսա սպանին զաւրք Պարսից ի Գառնի, եւ ինքեանք ապստամբեալք գնացին ի Գեղումս: Ապա Մերակբուտն: Ապա Յազդէնն: Ապա Բուտմահ: Ապա Հոյիմանն:

Then came Varaz Vzur who fought one battle at Ut'mus village in Vanand. At first he was driven off, but he later triumphed. He remained for one year, and then departed.

Then came the great *aspet* of Part'ew and Pahlaw, and fought a battle at Shirakawan and triumphed. He remained for seven years, and then departed.

Then came marzpan Hrahat who went to Mrtsuni [having] his kinfolk for support in battle. They were defeated there, but later triumphed. Turning thence he fought and won a battle at Tsaghkajur in Bznunik'. He departed after four months.

Next came marzpan Hrarti Datan. Thereafter, however, the Iranians were unable to resist the Byzantine troops. It was during this period that Ormazd was killed and his son Xosrov was enthroned. [Hrarti Datan] departed after two years.

After this Iranian border-guards came [and this continued] until the expiration of the peace which had existed between the Iranians and the Greeks, between the two kings, Maurice and Xosrov.

Then came Vendatakan, then Xorakan. The latter was killed by Iranian troops at Garni who then rebelled and went to Geghums. Then came Merakbut, then Yazden, then Butmah, then Hoyiman.

VOLUME I

Մատեան Ժամանակեան

Պատմութիւն Թագաւորական

Վէպ արիական, վանումն տիեզերական, հէն Սասանական՝ յԱպրուէզն Խոսրովեան, որ հրդեհեալ բոցացոյց զառ ի ներքոյս ամենայն, դղորդեալ զծով եւ զցամաք, զարթուցանել զկործանումն ի վերայ ամենայն երկրի:

Եւ արդ՝ ես ճառեցից զեղելոցն յերկրի զանցից կործանմանն առասպելս վիպասանելով, զի վերուստ զարթուցեալ սրտմտութիւն, եւ զառ ի ներքոյ բորբոքեալ զբարկութիւն. զհրոյն եւ զարեան հեղեղս եւ զհինիցն արշաւանս. եւ զմահաբերն ասպատակ, զգոչիւն դիւաց եւ զաղաղակ վիշապաց, զազանց քաւդեաց եւ զարանց հսկայազանց, քաջաց սպառազինաց հեծելոց, յարեւելից յարեւմուտս, ի հիւսիսոյ ի հարաւ: Եւ զՀարաւայինն զարթուցեալ մեծաւ բորբոքմամբ՝ յարձակեալ ի վերայ միմեանց, եւ կատարել զհրամանն բարկութեան Տեառն ի վերայ ամենայն երկրի. որք իբրեւ զմրրիկ աւդոյ թռուցեալ փոթորկեալ ընթացեալ՝ ապականել զառ ի ներքոյս ամենայն, աւարել զլերինս եւ զբլուրս, պատառել զդաշտս վայրաց, եւ խորտակել զվէմս եւ զքարինս ի ներքոյ զարշապարաց երիվարաց եւ յառաթուր սմբակաց: Եւ արդ՝ ասացից զվէպս ի կործանիչսն եւ յապականողն Խոսրով, յԱստուծոյ անիծեալն:

SEBEOS' HISTORY

Book of the Times

The History of Kings

An Iranian romance [regarding] the universal defeat of that Sasanian brigand, Xosrov Apruez who put everything to flame, agitated the sea and land, and brought ruin upon every country.

I shall narrate what happened to the country, how it was ruined, making use of legends. [I shall tell] about Wrath from On High, how anger blazed forth below; about the fire and the bloodshed, the pillaging expeditions, the raids which brought death [accompanied by] the screams of *dews* [demons] and the roar of dragons. [I shall speak of] the race of Mages, about men descended from giants, armed braves, cavalrymen from East to West, from North to South; about the Southerners [the Arabs] who arose with great turbulence and attacked [Iran and Byzantium] and executed the command of the Lord's anger over every country. [The Arabs] spun like a whirlwind, became a storm, and corrupted everything below them, devastating mountains and hills, tearing apart plains in various places, and crushing rocks and stones under the trampling hooves of their horses. Now I shall begin the romance about that destructive corrupter, Xosrov, God's accursed.

Գ. Դիմելն Վահրամայ ի վերայ Խոսրովայ եւ նամակք երկու առ Մուշեղ. եւ հաւատարմութիւն Մուշեղի առ Խոսրով. պատերազմ մեծ. պարտիլ ապստամբաց. ապերախտութիւն Խոսրովայ առ Մուշեղ. վասն որոյ խորհուրդ Մուշեղի սպանանել զնա եւ գրել ամբաստանութիւն ընդ իշխանացն Յունաց առ Կայսրն. այնմ տհաճութիւն Կայսեր, եւ թուղք առ նոսա եւ առ Խոսրով. արձակիլ յունական զաւրաց. կոչիլ Մուշեղայ ի կայսերէն առ պալատն:

Եւ եղեւ յետ մահուանն Խոսրովայ որդւոյ Կաւատայ, եւ թագաւորել որդւոյ նորա Որմզդի ի վերայ աշխարհին Պարսից. որոյ մայր իւր դուստր էր Խաքանայ մեծի արքային Թետալացւոց, կին Խոսրովայ. հաւր սորա անուն Կայէն, որ թէպէտ ի հայրենեաց մեծազգյն՝ եւս առաւել մեծազգյն եւ գազանս գոյն ի մայրենեաց կողմանէ:

Քանզի եբարձ սա զամենայն նախարարս եւ զնախնիս եւ զտունս բնակազգյնս յաշխարհէն Պարսից: Սպան սա զասպարապետն մեծ, զպարթեւն եւ զպահլաւն, որ էր ի զաւակէ Անակայ մահապարտի. զոր առեալ դայեկաց ի հինէ անտի Խոսրովայ արքայի Հայոց՝ փախուցին ի դուռն արքունի իւրեանց՝ ի կողմանս Պարսից: Եւ կատարեաց արքայն ի վերայ նորա զպարգեւսն խոստացեալս հաւրն նորա Անակայ զքուն իսկ զպարթեւական զպալհաւն անդրէն դարձուցեալ՝ թագ կապեալ մեծարեաց, եւ արար իւր երկրորդ թագաւորութեանն:

III. Vahram's attack on Xosrov, and the two letters to Mushegh; Mushegh's loyalty to Xosrov; the Great Battle; the defeat of the rebels; Xosrov's lack of gratitude toward Mushegh which resulted in Mushegh's plans to kill him; the writing of an accusation to the emperor by means of the Byzantine princes; the Emperor's dissatisfaction with that and the letter to [the princes] and to xosrov; the dispatch of Byzantine troops; the summoning of Mushegh to the palace by the Emperor.

After the death of Kawad's son, Xosrov, his son, Ormazd,[15] ruled over the land of Iran. [Ormazd's] mother, Xosrov's wife named Kayen, was the daughter of the great Khaqan, king of the T'etalats'ik'. Thus [Ormazd] inherited a bad [nature] from his father's line, but an even more bestial [nature] from his mother's line.

He did away with all the *naxarars* and the earlier, more indigenous Houses of the land of Iran. He killed the great *Asparapet* of the Part'ew and the Pahlaw who was [descended] from the son of Anak (whom [the Armenians] put to death) whom that bandit king Xosrov of Armenia took as a *dayek*, whom they spirited away to the court of their king in Iran.[16] The king fulfilled [on the son] the rewards promised to his father Anak once [the son] had fled there, namely, the native habitat of Part'ewakan Palhaw itself. He tied a crown on his head and exalted him, making him second in the kingdom.

---

15   *Ormazd* (Hormizd) IV, 579-90.
16   The text seems corrupt: *Span sa zAsparapetn mets zpart'ewn ew zpahlawn or er i zawake Anakay mahaparti. zor arhareal dayekats' i hine anti Xosrovay ark'ayi Hayots' p'axuts'in i durhn ark'uni iwreants' i koghmans parsits'.*

Եւ էին երկու որդիք սպարապետիս այսորիկ, անուն միոյն Վնդոյ եւ երկրորդին՝ Վստամ։ Եւ զզաւրս աշխարհին Հայոց ընդունէին գումարել, որք ի ժամուն առ ձեռն գտեալ. եւ անցեալք ի հանդիսի իբրեւ հազարք հնգետասանք, իւրաքանչիւր գունդք նախարարաց՝ ըստ հարիւրաւորաց, ըստ հազարաւորաց, ըստ գնդից, ըստ դրաւշուց իւրեանց։ Ամեներեան սորա սպառազէնք, ընտիրք պատերազմողք, վառեալք քաջութեամբ՝ իբրեւ զհուր, որ ո՛չ զանգիտեն եւ ոչ զթիկունս դարձուցանէին։ Դէմք առիւծու դէմք նոցա, թեթեւութիւն ոտից իբրեւ զթեթեւութիւն այծեմանց երագութեամբ ի վերայ դաշտաց։ Մտադիւրութեամբ եւ ամենայն հնազանդութեամբ չու յուղի անկեալ գնացին։

Արդ՝ առեալ ապստամբին միհրացելոյն զզաւրս իւր, զփիղս եւ զամենայն զգանձս թագաւորական, չու արարեալ գնայ հասանէ յԱտրպատական. եւ բանակեցան սակաւ մի հեռագոյն ի միմեանց ի Վարարատ գաւառին։ Արդ՝ գրէ Վահրամն հրովարտակ առ Մուշեղ եւ առ այլ նախարարս Հայոց, որ ունէր այսպէս.

> *Ես այսպէս կարծէի, եթէ ես յորժամ ընդ թշնամիս ձեր մարտնչիմ, եւ դուք ի կողմանէ այտի եկեալ՝ ինձ աւգնական լինիցիք. զի ես եւ դուք միաբանութեամբ բարձցուք ի միջոյ զտիեզերական պատուհասն, զտունն Սասանայ։ Իսկ դուք աւադիկ ժողովեալ գայք ի վերայ իմ պատերազմաւ յաւգնականութիւն դմա։ Այլ ես ո՛չ երկեայց ժողովելոց երիցանցդ Հոռվմայեցւոցդ, որ եկեալ են ի վերայ իմ։ Բայց դուք, Հա՛յք, որ տարաժամ ցուցանէք զտիրասիրութիւն. ո՞չ ապաքէն տունդ Սասանական եբարձ զերկիրդ ձեր եւ զտէրութիւն։ Եւ կամ ընդէ՞ր բնաւ ապստամբեցին հարքն ձեր եւ գնացին ի ծառայութենէ նոցա, մինչեւ ցայսաւր պատերազմեալ ի վերայ աշխարհին ձերոյ։*

The *sparapet* had two sons, one named Vndo, the other Vstam. They accepted troops from the land of Armenia and assembled whomever they found at hand then. When they mustered they were some 15,000 men, each brigade of *naxarars* [arranged] in hundreds and in thousands in brigades and under their banners. All were armed, all were choice warriors, burning with bravery, like fire. They neither panicked nor turned back. Their faces were like eagles'. Their light-footedness was like the lightness of wild goats running upon the plains. With diligence and full loyalty they took the road.

The Mithraist rebel took his troops,[17] elephants, and all the royal treasures and reached Atrpatakan. They encamped, at a little distance from each other, in the district of Vararat. Then Vahram wrote a *hrovartak* to Mushegh and to other *naxarars* of Armenia. It went as follows:

> *I had thought that as soon as I started battling with your enemies, you would come from those parts and help me; and that I and you, united, would do away with that universal pestilence, the House of Sasan. But you, massed and coming against me in battle, are helping them. I am not afraid of the army of Roman elders who have come against me. But you Armenians show the love of your master at an inopportune time. Truly, did not the House of Sasan abolish your country and lordship? Why was it that your fathers always rebelled and went to serve those [the Byzantines] who to this day are fighting over your land?*

---

17 This translation is uncertain.

Եւ արդ՝ դիմեալ գայք ի վերայ իմ կորուսանել զայնչափ վաստակս ձեր. զի թէ Խոսրով յաղթեալ էր՝ երկոքին դոքա միաբանեալ բարձցեն զձեզ ի միջոյ: Բայց զի հաճոյ թուեսցի ձեզ ի բաց կալ ի դոցանէ եւ միաբանել ընդ իս, եւ ձեռն տալ ինձ յաւգնականութիւն: Եւ թէ ես յաղթեցից՝ երդուեալ ի մեծ աստուածն Արամազդ, եւ յԱրեգակն տէր եւ ի Լուսին, ի Հուր եւ ի Ջուր, ի Միհր եւ յամենայն աստուածս, եթէ ձեզ տուեալ լիցի իմ զՀայոց թագաւորութիւնն. զո՛ր եւ դուք կամիք՝ արասջիք ձեզ թագաւոր: Եւ թողում ձեզ զամենայն երկիրն Հայոց մինչեւ ցԿապկոհ եւ ցդուռն Աղուանից. եւ յԱսորւոց կողմանէ՝ զԱրուաստան, զՄրծուին եւ զՆոր Շիրական մինչեւ ցսահմանս Տաճկաց, զի առ նախնեաւքն իսկ ձեզ լեալ է. եւ ընդ արեւմուտս մինչեւ ցԿեսարիա Կապադովկացւոց: Եւ ես մի՛ իշխեցից քան զՋարասպ անցանել յայնկոյս. եւ զանձն Արեաց թագաւորութեանս բաւական համարեալ լիցի ինձ եւ ձեզ, եւ այնչափ ձեզ շատ լիցի՝ մինչեւ ձեր թագաւորութիւնդ հաստատեսցի:

Եւ ըստ իւրեանց կարգի՝ էր աղ ծրարեալ եւ կնքեալ ընդ հրովարտակին: Եւ առեալ նոցա զհրովարտակն եւ ընթերցեալ՝ ոչ արարին բանիցն պատասխանի. եւ ոչ իսկ ասացին բազմաց, զի երկնչէին յանմիաբանութենէ իւրեանց: Եւ արդ՝ գրէն անդրէն դարձեալ թուղթ երկրորդ.

Should you come against me you will destroy so much of your merit, for should Xosrov triumph, the two of them united[18] will remove you from their midst. If, however, it is agreeable to you, break with them, unite with and aid me. Should I triumph, I swear by the great god Aramazd, by the lord Sun, by the Moon, by Fire and by Water, by Mihr and by all the gods, that I shall give you the Armenian kingdom. Make whomever you want the king. And I shall leave you the entire country of Armenia as far as Kapkoh and the Gate of [Caucasian] Aghuania; from the Syrian area: Aruastan and Nor Shirakan as far as the boundaries of the Tachiks, for this [territory] was yours from your ancestors; [I shall give territories] extending westward to Caesarea in Cappadocia. I shall not rule beyond the Arasp river. Let the treasury of the Aryan kingdom be considered sufficient for me and you. That should be plenty for you before your kingdom is established.

Then, in accordance with their [Iranian] custom, [Vahram] wrapped up salt, and sealed it with the *hrovartak*. [The partisans of Mushegh] received and read the *hrovartak*, but they neither replied nor did they reveal [its contents] to many [*naxarars*] because they feared their disunity. But [Vahram] wrote a second letter:

---
18 i.e., Xosrov and the emperor Maurice.

Գրեցի առ ձեզ ի բաց կալ ի նոցանէ, ինձ եւ ձեզ բաւական համարելով զամենայն աշխարհս եւ զամենայն գանձս թագաւորութեանս այսորիկ. ուրեմն ոչ կամեցարուք լըսել, զի ոչ արարէք բանիցն պատասխանի: Ես զձեզ ապաշաւեմ, աւէ. քանզի վաղիւ առաւաւտուն ցուցանեմ ձեզ փիղս վառս, եւ ի վերայ, զաւրս սպառազինեալս քաջաց, որ տեղացեն ի վերայ ձեր նետս երկաթեղէնս ձեռքաձգութեամբ, եւ շաւառունս մուխս պողվատիկս սլաքաւք՝ ի հաստաձիգ աղեղանց. աւս երիտասարդս հզաւրս սպառազէնս վատնելոց, եւ երիվարս տաճիկս եւ երագունս, տապարս եւ սուսերս մուխս եւ պողվատիկս եւ կռուփս՝ որչափ Խոսրովայ եւ ձեզ պիտոյ իցէ:

Առնէ նմա Մուշեղ պատասխանի:

Առ Աստուծոյ է թագաւորութիւնն, եւ ում կամեցաւ՝ ետ. բայց դու պարտիս յանձն քո ապաշաւել եւ ոչ ի մեզ: Եւ ծանեայ զքեզ պոռոքաբան. եւ ոչ խրախուսես յԱստուած, այլ ի քաջութիւն եւ ի փղաց զաւրութիւն: Այլ ես ասեմ քեզ. եթէ Աստուած կամեսցի՝ վաղիւ պատելոց է զքեւ պատերազմ քաջաց, եւ ճայթեսցեն ի վերայ քո եւ ի վերայ բազմութեան փղացդ իբրեւ զամպս երկնից զազանագոյնս քան զամենեսեան:

I wrote to you to break with them, considering all the lands and treasures of this kingdom sufficient for you and me. You, however, chose not to listen, and you did not respond. I feel sorry for you, because tomorrow at dawn I will show you splendid elephants mounted by troops of armed braves who will rain down upon you arrows of iron, shafts of tempered steel dispatched by hard-hiting archers, powerful young men, well-armed, and swift Tachik horses, axes and swords of tempered steel, and blows enough for Xosrov and for you.

Mushegh replied to him [as follows]:

God's compassion goes to whomever He grants it to. You should feel sorry for yourself, not for us. I have come to regard you as a boastful man, someone who takes comfort not in God, but in bravery and the strength of elephants. And now I say to you that if God so wills, tomorrow you will be embroiled in a battle with braves who will explode upon you and your multitude of elephants like the most violent clouds in the sky.

Եւ ի վերուստ անագին ճայթէ եւ փայլատակէ եւ յարձակին քեզ սպառազէնք ճերմակ երիվարաւք եւ բոնալիր նիզակաւք, եւ անցանեն ի մէջ բազմութեանն՝ իբրեւ զփայլատակունք հրոյ շանթելոյ, զի ցաւղանայցեն ի յերկնից ի յերկիր, եւ այրեսցեն զխոհիս դաշտաց, զանտառս զդալարս եւ զգաւսացեալս: Քանզի թէ Աստուած կամեսցի՝ տանելոց է սաստկութիւն հողմոյ զզաւրութիւնդ քո իբրեւ զփոշի, եւ զանձ արքունի յարքունիս գնա»:

Էին ընդ նոսա Վնդոյն այն եւ Վստամ, զոր վերագոյն ասացի. եւ զաւրք պարսիկք իբրեւ ութ հազար հեծեալ: Եւ եղեւ ի վաղուեան առաւաւտուն, մինչդեռ արեւն զծայրս հարկանէր, կարգէին ճակատ առ ճակատ, եւ բաղխէին զմիմեանս պատերազմաւ: Ուժգին լինէր խումբ եւ խառնուրդ, եւ սաստիկ լինէր կոտորածն ի մէջ տարուբերին: Եւ մարտուցեալ յայգուէ մինչեւ ցերեկոյ՝ յաւգնեցան երկոքին կողմեանքն ի պատերազմին:

Եւ այնչափ սաստիկ լինէր կոտորածն, մինչեւ զի խաղացեալ վտակաց սաստկութիւն արեանցն առոգանէր զերկիրն ամենայն: Եւ ոչ կարացեալ զդէմ ունել փախստական լինէր զաւրն ապստամբական առաջի զաւրացն Յունաց: Իսկ նոցա զհետ մտեալ մինչեւ զքաջ մթանալ երեկոյին՝ ցիրս դիաթաւալ կացուցանէին զդաշտաւքն եւ զճանապարհաւքն. զբազումս սատակէին ի սուր սուսերի իւրեանց. եւ զբազումս ձերբակալ արարին, եւ կապեալ զձեռս ի վերայ թիկանց՝ բերեալ կացուցանէին առաջի թագաւորին:

An enormous explosion will be heard from on High, and a flash of lightning, and armed men on white horses with unerring spears will attack you and pass through your hosts the way lightning does through an evergreen forest, burning the branches as the bolts rain down from Heaven to earth, burning the brush of the fields. For, should God will it, a whirlwind will carry off your might like dust, and the treasury of the court will return to the court."

Among [the Iranians] were Vndo and Vstam, about whom I spoke earlier. The Iranians had about 8,000 cavalrymen. At early dawn the next morning, just as the sun was rising [the troops] drew themselves up, front facing front, and clashed in battle. The massing and the melee were violent and in the agitation the destruction was enormous. After fighting from dawn to dusk, both sides became fatigued with warfare.

The killing was so great that a torrent of blood flowed in streams and watered the entire country. Unable to resist, the army of rebels fled before the Byzantine troops. [The latter] pursued them, covering the plains and roads with corpses, until it was dark night. [The Byzantines] put many to their swords; many others they arrested, binding their hands to their necks, and leading them before the king.

Եւ բազմութիւն փղացն դիմեալ գնային բռնաբար: Ապա զհետ արշաւեալ ազատագունդ սպառազինացն՝ ներքուստ ի վեր ծակոտէին զսպառազէնս հեծելոց, որ կային ի նիւս փղացն. եւ աներկիւղ անվեհեր կռուէին, եւ սատակեալ զբազում փիղս եւ զհեծեալս եւ զփղապանս՝ դարձուցանէին անդէն բռնաբար եւ զբազմութիւն փղացն: Եւ եկին ածին յանդիման թագաւորին:

Եւ անդրէն դիմեալ ի բանակատեղն զաւրացն Վահրամայ: Եւ կայր ի խորանին գանձ արքունի եւ ամենայն զանձք թագաւորութեանն անթիւ եւ անհամար պատուականք. զամենայն աւար հարկանէին. եւ զբազում զահոյս ոսկիապատս չքնաղ եւ զանազան կազմութեամբ մանրէին սուսերաւք իւրեանց, եւ անցանէին ի կողմանս փաղանգ փաղանգ զբեռինս բարձեալ ուղտուց եւ ջորւոց բազմութեանն: Եւ լցան ամենեքեան բազում եւ մեծամեծ աւարաւ:

Ժողովեցին ապա եւ զաւրն Պարսից ի ճապաղուածէ զանձուցն ոչ սակաւ իրս, եւ հասուցին անդրէն յարքունիսն իւրեանց: Եւ զաւրացաւ յաւուր յայնմիկ արքայ Խոսրով ի ձեռն յաղթութեանն այնորիկ քան զամենայն զթշնամիս իւր, եւ հաստատեցաւ թագաւորութիւն նորա:

Եւ զբազմութիւն ձերբակալաց ձիահեծելոց եւ փղահեծելոցն հրամայէր մերկացուցանել եւ կապել զձեռս ի վերայ ուսոց եւ արկանել կոխան ի ներքոյ ոտից փղացն: Եւ ոչ ուրեք կարացին գտանել զհետ Վահրամայ. զի զերծաւ եւ գնաց այսպէս փախստական, եւ չոգաւ եւ անկաւ ի Բահլ Շահաստան, ուր եւ ի բանէն Խոսրովայ սպանաւ ի նոցունց իսկ:

A multitude of elephants was coming at a violent speed. Behind them were the armed *azatagund*. From below [the Byzantines] pierced the armor of the cavalrymen who were mounted on elephants. Fighting fearlessly and courageously, [the Byzantines] killed many elephants, cavalrymen, and elephant-keepers and were able to forcibly lead off a multitude of the elephants, which they brought before the king.

Thence they turned upon the campsite of Vahram's army. In one tent they found the court treasury and all the priceless, countless, inestimable treasures of the kingdom. This was all taken as booty. With their swords they dismembered many gorgeous thrones of diverse sorts. Going to the area in phalanxes, they loaded [the goods] onto a multitude of camels and mules. Everyone filled up with much great loot.

The Iranian troops then were able to gather a not insignificant part of the treasures and take them to their court. King Xosrov on that day grew more powerful as a result of this victory, more so than any of his enemies, and his kingdom was established.

[Xosrov] ordered that the multitude of arrested horsemen and elephant-riders be stripped, that their hands be tied upon their shoulders, and that they be trampled under the elephants' hooves. But they could find no trace of Vahram. For he had fled and gone as a fugitive, and landed in Bahl *Shahastan* where, upon Xosrov's word, they themselves killed him.

Եւ եղեւ ըստ աւուրց ինչ յետ անցանելոյ պատերազ-մին այնորիկ մեծի, մինչդեռ արքայն Խոսրով նստէր ի մէջ խորանին իւրում, եւ զաւրն Պարսից շուրջ զնովաւ բանակ-եալ, եւ զաւրն Յունաց հեռագոյն ի նոցանէ աւթիւ միով, ուրոյն բանակեալ հոծ բազմամբոխ լիութեամբ աւարաւ իւրեանց, եւ կային զառաջեաւ արքային ամենայն մեծամեծք նախարարք իւր:

Խաւսել սկսաւ արքայն եւ ասէ. «Իցէ՞ ոք արդեաւք լեալ ի թագաւորաց աշխարհի, որ կարող է ըմբռնել զմեւս այլ թագաւոր զթշնամի իւր, զաւերիչ թագաւորութեան իւրոյ, եւ ոչ սպանցէ զնա եւ ջնջեսցէ զամենայն արու յաշխարհէ նորա, այլ առնիցէ՛ զնա յորդեգիրս. թագ կապեալ նմա եւ ծիրանեաւք զարդարեալ մեծարիցէ, վանեալ զթշնամիս նորա, եւ հաստատեսցէ զնա յաթոռ թագաւորութեանն, եւ տուեալ նմա գանձ արքունական ի գանձուց իւրոց, արձակէ զնա բարեաւ գնալ զճանապարհ իւր: Այսպիսի պարգեւս շնորհեաց ինձ Մաւրիկ թագաւոր հայր իմ, զոր ոչ ոք կարէ ի մարդկանէ շնորհել որդւոյ իւրում սիրելւոյ»: Պատասխա-նի ետուն ոմանք ի նոցանէ, եւ ասեն. «Արքայ, յաւիտեա՛ն կեաց. մեք ոչ գիտեմք, արժա՞ն իցէ շնորհ ունել եւ թէ ո՛չ: Զի ամենայն թագաւորութիւն գանձիւք հաստատեալ կայ. եւ դոքա զամենայն գանձս թագաւորոթեան աւա՛ր վարեցին»:

Պատասխանի ետ արքայն եւ ասէ. «Զգանձս թագա-ւորութեան իմոյ ընդ կողս դոցա այսրէն արտաքս քարշեցից հանդերձ նոցունց աղխեալ գանձիւք, քանզի իմ է այն ամե-նայն: Բայց ինձ այս կարի է, զի ապրեցաւ տիրատեացն այն եւ գնաց: Այր քաջ է նա եւ վերստին այլ զաւրս գումարէ ի քաջաց ազգաց արեւելից»:

Some days after this great battle, king Xosrov sat in his tent. Before the king were all of his grandee *naxarars*. The Byzantine army was encamped at a day's distance from [the Iranians], densely massed, brim full of their booty.

The king began speaking as follows: "In truth has there ever been any one of the world's kings who, being able to seize another king—his own enemy, the destroyer of his kingdom—did not have him killed, and did not exterminate all the males [with him] from his land? [What king, instead of doing these things] would adopt [such a royal fugitive], crown him, and exalt him by adorning him with purple, defeat his enemies, establish him on the throne of his kingdom, give him courtly treasure out of his own treasures, and benevolently free him to go his way? My father, emperor Maurice, bestowed such benefits on me which no man could bestow upon his own beloved son." Some of those [*naxarars*] responded to [Xosrov] as follows: "King, live forever! We do not know whether or not gratitude is fitting, for every kingdom is made stable by treasure, [yet the Byzantines] have looted all the kingdom's treasures."

The king replied: "I shall directly retrieve the treasures of my kingdom from them, together with [other] treasures they have amassed, for all of that belongs to me. But the one thing that disconcerts me is the fact that [Vahram], who hates his master, lived and departed. He is a brave man and will again assemble troops from among the braves of the peoples of the East."

Պատասխանի ետուն նմա եւ ասեն. «Զտիրատեացն զայն նորա զերծուցին, քանզի մերով աչաւք իսկ տեսաք, զի կալաւ զնա Մուշեղն այն Մամիկոնեան, եւ ետ նմա երիվար եւ զէն, եւ արձակեաց»: Զայս ասացին՝ զի կամեցան ի վերայ նորա չարիս: Քանզի տեսանելով զհաւայս նորա չարաչարս՝ զարհուրեալ խռովրեցան սիրտք իւրեանց ի նմանէ: Եւ ոչ ինչ էած զմտաւ արքայն, եթէ զի՛նչ իցէ բանն այն. քանզի մանուկ տղայ էր եւ խակ: Եւ ոչ ինչ յիշեաց զխըռովութիւն այնպիսի զաւրացն. այլ հաստատեաց զմիտս իւր ի վերայ բանիցն ստութեան, եւ ասէ. «Կոչեսցի այսր Մուշեղ, եւ կապեսցի ոտիւք եւ ձեռաւք, մինչեւ ես վասն նորա ծանուցից կայսեր»:

Ի նմին ժամու հրամայէ գրել նա յետկար, եւ արձակու զմի ի սուրհանդակացն առ Մուշեղ. «Փութով եկ, ասէ, գործ հասեալ է կարի կարեւորագոյն»: Եւ հրաման ետ փուշտիպանացն իւրոց եւ ասէ. «Պատրա՛ստ լերուք, զի յորժամ եկեսցէ նա, եւ ես ձեռամբ նշանակեցից ձեզ՝ յանկարծակի զձեռս նորա յետս կալարուք եւ կապեցէ՛ք զնա. բայց պատրա՛ստ լիջիք, զի այր քաջ է նա, եւ մի՛ թէ կամ ինքն մեռանի, կամ զիս սպանանէ: Եւ թէ ինքն իսկ մեռանի՝ ես պատասխանի տաց կայսեր վասն նորա»: Սոյնպէս եւ բարապանացն պատուէր ետ, ասէ. «Զգոյշ կացէք, զի յորժամ եկեսցէ Մուշեղ ի դուռն խորանին իմոյ՝ ի բաց լուծէք ի միջոյ նորա զկամարն եւ զսուսերն, ասելով, եթէ «Ոչ է աւրէն զինու հանդերձ մտանել յանդիման թագաւորին»:

[The *naxarars*] answered him: "They helped that ingrate to flee. With our own eyes we saw how that Mushegh Mamikonean took [Vahram], gave him horse and weapon and released him. They said this because they wished [Mushegh] ill, since, viewing his grandfather evilly, their hearts hardened against him. Yet the king never wondered about the matter, since he was a small boy, and inexperienced. Nor did he recollect the agitation of such [Armenian] soldiers. Rather, he fixed his mind on those falsehoods, saying: "Let that Mushegh be summoned here and be bound hand and foot, until I inform the emperor about him."

[The king] immediately ordered a note to be written [to Mushegh]. He dispatched one of the envoys to Mushegh [with the message]: "Come quickly. An extremely important matter has come up." [Xosrov] gave this command to his *p'ushtipans* [bodyguards]: "Be ready. When [Mushegh] arrives, and when I signal you with my hand, pull his arms back and tie him up. But be prepared, for he is a brave man. And see to it that he neither dies, nor kills me. Should he die, I will be answerable for him to the emperor." He similarly commanded his ushers, saying: "Take care that when Mushegh comes to the entrance of my tent you remove his belt and sword. Tell him, 'it is not legal to go before the king with a weapon.'"

Արդ՝ մինչդեռ առնէր նա համար հանդիսի ի մէջ զաւրաց իւրոց, տեսանել զթիւ կենդանեացն եւ մեռելոց, որք անկան ի պատերազմին՝ եկն եկաց առաջի նորա սուրհանդակն եւ ասաց նմա ողջոյն, եւ մատոյց նմա զթուղթն: Իսկ Մուշեղայ առեալ զթուղթն՝ ասէ ցնա, եթէ «Ողջո՞յն իցէ եւ խաղաղութիւն»: Պատասխանի ետ սուրհանդակն եւ ասէ. «Ողջոյն է եւ խաղաղութիւն, եւ զայլազգ ինչ ես ո՛չ գիտեմ, բայց միայն զի հրամայեցաւ ինձ փութանակի կոչել զքեզ»: Եւ անդէն վաղվաղակի պատրաստեցաւ նա որպէս ի պատերազմ, քանզի արկ ի միտս իւր, եթէ գուցէ հասեալ ինչ իցէ գործ պատերազմի, կամ շնորհ ինչ իցէ պարգեւս փոխանակ վաստակոցն: Եւ առնու ընդ իւր արս երկու հազարս ի սպառազինաց՝ յազատաց եւ յանազատաց, զորս գիտէր արժանիս պատուոյ, եւ վստահ էր հեծելութեամբ:

Էր գրեալ վասն նորա եւ առ Պատրիկն Յովհան, զի արձակեսցէ զնա, եւ նորա դարձեալ հրաման տուեալ նմա երթալ այնպէս պատրաստութեամբ, եւ հրամայեաց ամենեցուն նոցա արկանել զանձամբ զիւրաքանչիւր զսպառազինութիւն: Արկաւ եւ ինքն զանձամբ զսպառազինութիւն իւր: Վառեցան եւ գնացին:

Եւ եղեւ իբրեւ մտին ի մէջ բանակին եւ մերձ եղեն մաւտ ի մաշկապերճանն արքունի, եւ հրաման հասանէր ընդդէմ, մի՛ երթալ այնքան բազմութեամբ, այլ բացագոյն նստուցանել զնոսա, եւ նմա սակաւ արամբք յանդիման լինել արքայի:

Now while [Mushegh] conducted a review of his troops, ascertaining the number living and the number which had died in battle, [Xosrov's] messenger came before him. [The messenger] greeted him and gave him the letter. Taking the letter, Mushegh asked him: "Is this a greeting, and [does it mean] peace?" The messenger replied: "It is indeed a greeting and [signifies] peace. I do not know what else it says, only that I was commanded to summon you quickly." [Mushegh] immediately began preparing himself as though he were going to war, for it had entered his mind that perhaps some military matter had come up, or that he would be rewarded with gifts for his labors. He took along 2,000 armed men, *azats* and non-*azats*, whom he found worthy of honor, and he felt confidence in his cavalry.

He wrote to Yovhan *Patrik* to release him. [The latter] so commanded that [Mushegh] travel with such preparation [as he had planned], and he ordered all of [Mushegh's men] to see to their own armaments. They armed, and departed.

[Mushegh's forces] entered the [Iranian] army and were close to the court *mashkaperchan*[19] when an order reached him not to approach with such a multitude, but rather to have them encamp at a distance, and to appear before the king with only a few men.

---

19 *Mashkaperchan:* tent/pavillion.

Եւ նորա ոչ առեալ յանձին առնել այնպէս, այլ գնաց զաւրութեամբք մաւտ ի դուռն խորանին արքունի. եւ զաւր Պարսից կացին շուրջ զխորանաւն սպառազինեալք. եւ իջեալ յերիվարէն՝ գնաց ի դուռն խորանին Ծ արամբք: Եւ զաւրն կային այնպէս զինեալ իւրաքանչիւր երիվարաւք: Զարհուրեցաւ արքայն, եւ ամենայն զաւրք նորա. եւ սկսան ծածկել զնենգութիւնն: Եւ եղեւ իբրեւ եհաս ի դուռն խորանին՝ մատեան բարապանք դրանն եւ ասեն. «Լո՛յծ զկամարդ եւ զսուսերդ ի միջոյ քումմէ, եւ մերկեա՛ ի քէն զսպառազինութիւն քո. զի ոչ է աւրէն մտանել առաջի թագաւորին»: Անկաւ կասկած ի սիրտս նորա, սկսաւ պատրաստել եւ կազմել զինքն յարձակումն: Պատասխանի ետ բարապանացն եւ ասէ. «Ի մանկութենէ իմմէ սննդակից եղեալ եմ թագաւորաց ի նախնեաց իմոց եւ հաւուց, եւ այժմ հասեալ կամ ի դուռն արքունի, ի տեղի հանդիսի: Ես զսպառազինութիւնն իմ յանձնէ իմմէ ի բա՞ց մերկացայց, եւ լուծի՞ց զկամարս եւ զգաւտիս յանձնէ իմմէ, զոր ո՛չ երբէք լուծանեմ ի տան իմում յուրախութեան: Եւ կամ ի՞նչ արժան իցէ գիտել զչարութիւնդ Պարսից»: Եւ հրաման ետ միում ընթանալ մանկանցն, զի յառաջ մատուսցէ զզաւրն յաւգնութիւն. եւ ինքն դարձաւ անդրէն ի գնալ:

Ազդ եղեւ արքայի, եթէ ոչ կամեցաւ այնպէս մտանել, այլ դարձաւ անդրէն եւ գնաց: Եւ սկսաւ թագաւորն ծածկել զչարութիւնն եւ ասէ. «Թողցի արդ ի բաց խորհուրդն այն. թող եկեսցէ, որպէս եւ կամեցի»: Քանզի ինքն մանուկ էր, եւ զաւրութիւն զաւրացն սուղ ինչ եւ սակաւ: Կոչեն անդրէն եւ ասեն. «Հրաման ետ մտանել որպէս եւ կամիս»: Նա դարձաւ եւ ասէ. «Թող տեսից, եթէ զի՞նչ բարի խորհեսցի տալ ինձ արքայից արքայ»:

[Mushegh], however, did not consent to this. Instead, he went with his troops close to the entrance of the court tent. Iranian soldiers, well-armed, were standing around the tent. Dismounting from his horse, [Mushegh] went to the entrance of the tent with 50 men. The men remained as they were, each one armed, and with a horse. The king was horrified as were all the soldiers with him, and began to conceal their treachery. As soon as [Mushegh] reached the entrance of the tent, ushers at the door approached him and said: "Remove the belt and sword from your waist, and remove your armor, because it is not lawful to go before the king [armed]." Doubt stirred in [Mushegh's] heart and he began to condition and prepare himself for attack. He responded to the ushers as follows: "From my childhood I have been the table-companion of kings [deriving from the time] of my ancestors and grandfather. And now I have reached the door of the court, the place of review. Am I to remove my armor, my girdle and belt now, when I never do so even in my own House, even when rejoicing? Or indeed, am I worthy of the wickedness of you Iranians?" Then he ordered someone to go to the soldiers to have the auxiliary army move forward. He himself turned to go.

The king was informed that [Mushegh] refused to enter so [unarmed], and instead had turned and left. So the king started to conceal his wickedness, saying: "Let him overlook it, let him come as he pleases." For [Xosrov] himself was a lad, and his troops were few and far between. They called [Mushegh] back, saying: "[The king] ordered that you may enter as you wish." [Mushegh] turned and said: "Let me see what boon the king of kings plans to give me."

Եւ եմուտ ի խորանն, զառաջեաւ արքայի եւթն արամբք, եւ խոնարհեցաւ ի վերայ երեսաց իւրոց, երկիր եպագ արքայի, եւ կանգնեցաւ: Եւ արքայ ոչ ձգեաց զձեռն իւր որպէս երեկն եւ եռանդն՝ ընդունել զնա եւ ողջունել, այլ կայր այնպէս յամառացեալ. եւ անդ կացին այսպէս յամառացեալք:

Երկեաւ արքայ եւ զանգիտեաց, եւ ոչ կարաց տալ հրաման՝ որպէս խորհեալ էր, եւ ասել կամ մեծ կամ փոքր՝ յերկիւղէն: Եւ նա դարձեալ ել փութանակի ի խորանէն. մատուցին նմա զերիվարն, հեծաւ եւ գնաց: Եւ եղեւ իբրեւ ետես զայն արքայ՝ յոյժ երկեաւ, եւ կամեցաւ ծածկել զվնաս իւր. յոտն եկաց ի գահոյիցն եւ ընթացաւ ի դուռն խորանին, ել արտաքս եւ արձակեաց զհետ նորա զոմն գլխաւոր նախարար: Ետ տանել առ կնքեալ՝ երդումն, եւ կոչել անդրէն, «զի պատուով եւ մեծարանաւք գնացես, ասէ, աստի, եւ մի՛ համարիր ի միտս քո խորհել վասն քո այլազգ ինչ»:

Եւ նորա ո՛չ կամեցեալ, այլ գնաց ճանապարհ իւր: Արդ՝ նա խորհեալ նոցա զայս՝ յերրորդ ժամու դիմել ի վերայ խորանին եւ սպանանել զնա: Եւ հրաման տուեալ զաւրացն՝ որք սպառազինեալ շուրջ զխորանաւն Խոսրովու կային: Վասն զի եկեալ ի զգացումն եւ զաւրաց նորա զխռովութիւն դադարեցին ի խորհրդոյն եւ գնացին:

Եւ եղեւ մինչդեռ երթային նոքա՝ ի դիմի հարաւ սոցա մի ոմն ի փուշտիպանաց արքայի, եւ ըմբռնեալ զնա՝ առին գնացին ընդ իւրեանս. եւ սպառնացաւ նմա Մուշեղ երդմամբ, զի եթէ ոչ պատմեսցէ նմա զեղեալն վասն նորա խորհուրդ՝ մեռցի:

[Mushegh] entered the tent, [going] before the king accompanied by seven men. He prostrated himself in reverence to the king, and then stood up. But the king did not extend his hand as hitherto had been done [in a gesture of] receiving and greeting him. Rather, he remained there frozen, and they stubbornly faced each other that way.

The king grew frightened and dismayed, and was unable to give the order he had planned, or to say anything, great or small, because of his dread. Once again [Mushegh] quickly left the tent. They brought him his horse; he mounted and departed. As soon as the king saw that, he became extremely frightened. But wanting to conceal his injury, he arose from the throne and strode to the entrance of the tent, went outside and dispatched a certain principal *naxarar* after [Mushegh]. He had salt sent, to swear an oath, and to call him back "so that you depart with honor and exaltation and do not consider that something else was intended."

[Mushegh], however, did not want it. Instead, he took to the road. Now he planned to deal with them as follows: [he planned] to attack his tent at the second hour, and to kill him. He so ordered the armed troops who stood around the tent of Xosrov. [But] because his troops were informed there was agitation, and they abandoned that plan and departed.

As they traveled, a certain one of the king's *p'ushtipans* [bodyguards] strayed across their path. [The Musheghеans] seized him and took him to their own people. And Mushegh threatened him with an oath, saying that if he did not tell him what had transpired concerning [Mushegh] himself, he would die.

Իսկ նորա երդմնեցուցեալ զնա, զի մի՛ տացէ զնա ի ձեռն արքայի. եւ պատմեաց զամենայն: Ապա ի միասում աւուրն ընդ առաւաւտնն գնացեալ ի դուռն Պատրկին Յովհաննու, ետես զնա եւ խաւսեցաւ զամենայն չարիսն, ունելով առաջի զոստիկանն փուշտիպանն, որ եւ նա եկաց եւ խաւսեցաւ զամենայն եղեալ բանս: Խռովեցան իշխանքն եւ ամենայն զաւրն. բայց եւ նոցա յիշելով զերդումն եւ զխռովութիւնն կայսերն, ոչ ինչ ի վեր հանին զբանսն: Ասացին գրել առ թագաւորն եւ ծանուցանել նմա զամենայն չարիսն: Բայց ասաց Մուշեղ յանդիման ամենեցուն. «Եթէ ոչ մեռցի այրն այն՝ ի նորա ձեռն կորնչելոց է ամենայն երկիր Հռովմայեցւոց տէրութեանդ»:

Յայնմ ժամանակի գործեցին ընծայս, մեծ աւարմասն թագաւորին իւրեանց, պսակս եւ խոյր մի ի զմրուխտս եւ ի մարգարիտս յաւրինեալս, ոսկի եւ արծաթ բազում յոյժ, եւ ականս պատուականս չքնաղագիւտ, եւ հանդերձս պճնեալս ի զգեստուց՝ որ է զարդ իւրեանց յաւրինեալ թագաւորացն Պարսից, երիվարս արքունականս հանդերձ նոցուն իսկ արքունական կազմուածովքն:

Եւ գործեալ ընծայս, եւ առաքեն հանդերձ աւետաւոր հրովարտակաւ, գրեալ եւ ամբաստանութիւն զարքայէն Խոսրովայ, եւ գումարեն զհետ ընծային հեծեալս չորեք հարիւր: Ազդ լինի Խոսրովայ, եթէ ետուն տանել ի գանձուց քոց՝ զանձ աւարամասն թագաւորին իւրեանց, եւ գրեցին զքեն ամբաստանութիւն: Եւ ընդոստուցեալ դառնութեամբ Խոսրով՝ արձակէ զկնի նոցա զաւր, զի հասցեն ի ճանապարհի եւ կորուսցեն զՄուշեղն յանկարծաւրէն գաղտաբար. եւ առեալ զգանձս արքունի՝ հասուսցեն առ նա: Այսպէս իմն փութանակի գիտացեալ եւ վասն իրացն եւ իշխանքն յունականք՝ եւ նոցա առաքեալ զկնի նոցա զաւր բռնագոյն. եւ հասեալ անդէն ի մաւտոյ՝ ոչ ապրեցուցին ի նոցանէ եւ ո՛չ մի: Եւ բանն ի վեր ոչ ել. եւ զաւարն տարեալ հասուցին ի պաղատն մեծաւ խնդութեամբ:

Then [the *p'ushtipan*] made [Mushegh] swear an oath that he would not turn him over to the Iranian king. He told everything. The next day at dawn [Mushegh] went to the door/court of Yovhannes *Patrik*, saw him, and told him all the wicked tales. He had with him the *ostikan p'ushtipan* who also came and described all that had happened. The princes and all the soldiers became agitated, but when reminded of the emperor's oath and his disturbed state, did nothing about it. They told [Mushegh] to write to the emperor, to familiarize him with all the wicked events. But Mushegh said in front of all of them: "If that man is not killed, every country under the lordship of the Byzantines will be taken by his hand."

Then [the Mushegheans] selected great gifts as their king's share of the booty: crowns and a diadem made of emeralds and pearls; a very great quantity of gold and silver, matchless precious gems, as well as the most outstanding garments which, in their ornamentation, were made for the kings of the Iranians; horses from the court, including the very court trappings for them.

They sent [the above gifts] and with them a written *hrovartak* announcing the good news, as well as an indictment of king Xosrov. [The Mushegheans] massed four hundred cavalrymen to accompany the gifts. Now Xosrov became informed that they were about to deliver to their emperor as a share of the loot some of his treasures, and he learned that they had written a complaint about himself. Filled with bitterness, Xosrov sent an army after them, to reach them on the road, to destroy Mushegh suddenly and secretly, to take the treasure of the court and to bring it back to him at once. The Byzantine princes also knew about matters. They sent after them a very forceful army; when they had passed by, not a single one [of the enemy] lived, and no word rose about it. [The text seems corrupt.] The troops took [the treasures] and brought them to the palace with great rejoicing.

Ընկալաւ թագաւորն զընծայսն, եւ առաքէ հրովարտակ մեծաւ շնորհակալութեամբ ի ձեռն իւրոյ հրեշտակի, եւ գրէ առ նոսա ի բաց կալ ի խորհրդոյն յայնմանէ, զոր ամբաստանեալ զթագաւորէն: «Եթէ ոչ զգուշանայցէք անձին դորա՝ ի ձեռաց ձերոց խնդրեցից զդա»: Գրէ եւ առ արքայն՝ գոհութեամբ արձակել զամենեսեան:

Յայնժամ արքայն Խոսրով ետ ամենեցուն ըստ իւրաքանչիւր չափուց պարգեւս, եւ արձակեաց յիւրմէ: Եւ իւր չու արարեալ յԱտրպատականէ՝ գնաց յԱսորեստան, ի բնիկ թագաւորական կայեանս իւր: Եւ հաստատեցաւ յաթոռ թագաւորութեան. եւ զխոստացեալ պարգեւսն կայսերն կատարեաց. ետ նոցա զԱրուաստան զամենայն մինչեւ ցՄծբին, եւ զերկիրն Հայոց. որ ընդ իւրով իշխանութեամբն էր, զտոհմն Տանուտերական մինչեւ զգետն Հուրազդան, եւ զգաւառն Կոտէից մինչեւ ցաւանն Գառնի եւ ցեզր ծովուն Բզնունեաց, եւ ցԱռեստաւան եւ զԳոգովիտ գաւառ մինչեւ ցՀացիւն եւ ցՄակու: Եւ կողմն Վասպուրական գնդին էր ի ծառայութիւն Պարսից արքային: Եւ ի նախարարացն Հայոց բազումք ի Յունաց կողմանէ եւ սակաւք՝ ի Պարսից: Ետ եւ զմեծ մասն Վրաց աշխարհին մինչեւ ցՏփխիս քաղաք: Բայց զՄուշեղն զայն կոչեաց թագաւորն ի պաղատն. եւ այլ ո՛չ ետես զերկիրն:

The king received the gifts and sent a *hrovartak* expressing great thanks by means of his messenger. And he wrote [the Mushegheans] to abandon the plan in which they condemned the king. "If you do not restrain [Mushegh] I shall demand him from you" [the emperor wrote]. He also wrote to the king gratefully releasing everyone.

Then king Xosrov gave presents to each according to importance, and dismissed them. He himself left Atrpatakan and went to Asorestan, to his native royal abode. And he was established on the throne of his kingdom. He gave to the emperor the promised gifts: all Aruastan as far as Nisibis: the country of the Armenians which had been under his sway the *Tanuterakan* House as far as the Hurazdan river the district of Kote as far as the *awan* of Garhni and to the shore of the Sea of Bznunik'[20], Arhestawan and to the district of Gogovit as far as Hats'iwn and Maku. The area of the Vaspurakan brigade was in service to the Iranian king. Many of the *naxarars* of Armenia were in the Byzantine part, few were in the Iranian part. [Xosrov] also gave [to Maurice] a great part of the land of Iberia [Georgia], up to the city of Tiflis. The king summoned Mushegh to the palace, and he never again saw the country [of Armenia].

---

20 *Sea of Bznunik:* Lake Van.

Դ. Բարեպաշտութիւն Շիրին թագուհւոյ՝ որ էր Քրիստոնեայ կին Խոսրովայ արքայի. եւ հրովարտակ Խոսրովայ:

Էին սորա կանայք բազում ըստ աւրինի մոգութեան իւրեանց, բայց առ սա եւ կանայս քրիստոնեայս, եւ սորա կին քրիստոնեայ յոյժ գեղեցիկ ի Խուժաստան աշխարհէ, անունն Շիրին: Սա է բամբիշն, տիկնաց տիկին: Շինեաց վանս եւ եկեղեցի մերձակայ արքունական կայենիցն, եւ բնակեցոյց ի նմա քահանայս եւ պաշտաւնեայս. կարգեաց ռոճիկս եւ հանդերձագինս յարքունուստ, զարդարեաց ոսկւով եւ արծաթով: Եւ բարձր ի գլուխ համարձակութեամբ քարոզէր զաւետարանն արքայութեան ի դրանն արքունի. եւ ոչ ոք իշխէր ի մեծամեծաց քաւդէիցն բանալ զբերան իւր եւ ասել բան մի մեծ կամ փոքր ընդ քրիստոնէի: Բայց ապա յորժամ լցան աւուրք եւ եհաս ի կատարեալ ժամանակի՝ զբազումս ի մոգուց որ դարձան ի քրիստոնէութիւն՝ սպանմամբ կատարեալ մարտիրոսութեամբ ի տեղիս տեղիս:

Եւ հրաման ետ, ասէ. «Մի՛ ոք յանաւրինաց իշխեսցէ դառնալ ի քրիստոնէութիւն, եւ մի՛ ոք ի քրիստոնէից դարձցի յանաւրինութիւն, այլ իւրաքանչիւր ոք յիւր հայրենի յաւրէնս պինդ կացցէ: Եւ որ ոչն կամիցի ունել զհայրենի դէն, այլ ապստամբեալ ի բաց կացցէ յիւր հայրենի աւրինացն՝ մեռցի»: Բայց ի մեծ տաւնի ողոգումեանն՝ երթային ի վանաց Շիրինայ, եւ որ այլ քրիստոնեայք՝ ի դուռն սենեկին արքայի, պաշտմամբ ընթեռնուին զաւետարան, եւ առնուին պարգեւս ի թագաւորէն եւ գնային: Եւ ոչ ոք իշխէր խաւսել ինչ ընդ նոսա:

IV. The piety of Queen Shirin, who was king Xosrov's Christian wife; Xosrov's hrovartak.

[Xosrov], in accordance with their Magian religion, had numerous wives. He also took Christian wives, and had an extremely beautiful Christian wife from the land of Xuzhastan named Shirin, the Bambish, queen of queens. She constructed a monastery and a church close to the royal abode, and settled priests and deacons there allotting from the court stipends and money for clothing. She lavished gold and silver [on the monastery]. Bravely, with her head held high she preached the gospel of the Kingdom, at court, and none of the grandee mages dared open his mouth to say anything—large or small—about Christians. When, however, days passed and her end approached, many of the mages who had converted to Christianity, were martyred in various places.

[Xosrov] commanded: "Let no infidel dare convert to Christianity and let none of the Christians convert to impiety. Rather, let each individual remain true to his paternal religion. Whoever does not hold his paternal faith but rebels from the religion of his fathers, will be put to death." But on the great feast of Palm Sunday, [Christians] from the monastery of Shirin, and other Christians went to the entrance of the king's chamber, and worshipfully read the Gospel. They received presents from the king, and departed. And no one dared to say anything to them.

Ե. Խնդրել կայսերն Մարկայ զմարմին Դանիէլի ի թագաւորէն Խոսրովայ:

Եւ եղեւ ընդ աւուրսն ընդ այնոսիկ խնդրեաց թագաւորն Յունաց ի թագաւորէն Պարսից զմարմին մեռելոյ առն այնորիկ, որ կայր ի Շաւշ քաղաքի, ի գանձու արքային, եդեալ ի պղնձի աւազանի, զոր պարսիկն անուանէ Կաւ Խոսրով, եւ քրիստոնեայքն ասեն զԴանիէլի մարգարէի: Եւ արքայն Խոսրով հրամայէ տալ նմա զխնդիրն: Իսկ տիկինն Շիրին յոյժ խռովեալ էր ի վերայ իրացն. իբրեւ ոչինչ կարաց առնել զկամս թագաւորին դարձուցանել՝ հրաման ետ ամենայն քրիստոնէից աշխարհին, զի պահաւք եւ աղաւթիւք խնդրեսցեն ի Քրիստոսէ, զի մի՛ շարժեալ գնասցէ յաշխարհէն շնորհն այն:

Եւ ժողովեալ ամենայն երկիրն ի տեղին յայն, ուժգին խնդրուածովք եւ արտասուագոչ ողբովք խնդրէին ի Քրիստոսէ արգելուլ: Եւ ածեալ նմա ջորիս, եւ բերեալ նմա դեսպակ արքունի, եւ առին գնացին: Իսկ իբրեւ ելին ընդ դուռն քաղաքին, յանկարծաւրէն ցամաքեցան աղբիւրքն, որ ելանէին ի մէջ քաղաքին եւ հոսէին արտաքս. եւ ամենայն երկիրն վայիւ եւ աղաղակաւ գնային զհետ նորա:

Եւ եղեւ իբրեւ մեկնեցան ի քաղաքէն ասպարէզս երիս՝ յանկարծակի զտեղի առին ջորիքն որ ի դեսպակին. եւ ոչ ոք կարաց զնոսա շարժել ի տեղւոջէն: Եւ դարձեալ անդրէն յանկարծակի բռնաբար սուր սուր հարկանելով զամբոխն պատառեցին եւ զգունդն բռնութեամբ, եւ ընթացան անդրէն ի քաղաքն. եւ եղեւ իբրեւ մտին ընդ դուռն քաղաքին՝ անդրէն արձակեալ բղխեցին ջուրք գետոյն, եւ հոսէին ջուրքն արտաքս լի յորձանաւք ջուրց իբրեւ զառաջինն:

Գիտութիւն արարին կայսերն վասն նորա փութանակի: Եւ նորա տուեալ տանել նմա պատարագս՝ հրամայեաց առնել որպէս եւ նայն կամեցաւ. թողին զնա եւ գնացին ի բաց:

V. Emperor Maurice requests the body of Daniel from King Xosrov.

It happened in those days that the emperor of the Byzantines requested from the king of the Iranians the body of that deceased man which was in Shawsh, in a copper basin in the king's treasury. The Iranians called him Kaw Xosrov, while the Christians called him Daniel the prophet. King Xosrov ordered that [Maurice's] request be granted. But queen Shirin was extremely agitated over this affair. When she was unable to change the king's mind, she ordered all the Christians of the land to request of Christ with fasting and prayers that the blessing [of Kaw Xosrov's presence] not leave their land.

The entire country assembled in that spot and beseeched Christ to prevent [the move] with fervent pleas and with tears. Mules were brought, as was the court palanquin; they took [Daniel's remains] and departed. But as soon as they passed through the city gate, suddenly those streams which flowed through the city and outside, dried up. The entire country followed after [Daniel's remains] with cries and alarm.

As soon as they were at a distance of three stadia[21] from the city, suddenly those mules [bearing] the palanquin halted and no one could make them budge. Suddenly they violently wielded their swords causing the mob and the brigade to scatter and they rushed back to the city. And as soon as they entered the city gate the waters of the river flowed and water gushed forth in abundance, as had been the case before.

They quickly informed the emperor about this. He had a mass performed [for Daniel] and ordered [his troops] to do as [the relics] willed. They left [the relics of Daniel] and departed.

---

21 *Asparez*, field, arena, stadion.

Զ. Գիր ապստամբութեան Մաւրկայ առ Խոսրով վասն իշխանացն եւ զաւրացն Հայաստանի. եւ առաջարկութիւն զիւր մասինն հեռացուցանել ի Թրակէ. եւ նա զՊարսից մասինն՝ յԱրեւելս. փախուստ Յունական մասին իշխանաց առ Պարսս. առաքել Խոսրովայ զհամարակարն գանձու բազմաւ ի մասն Յունաց զբազումս յանկուցանել յինքն. յափշտակել իշխանաց զգանձն. պատրաստութիւն պատերազմի. պաւտգամ. քակտումն իշխանաց ի միմեանց. երթալ ոմանց առ Յոյնս եւ ոմանց՝ առ Պարսիկն:

Յայնմ ժամանակի թագաւորն Յունաց Մաւրիկ հրամայէ գրել առ թագաւորն Պարսից գիր ամբաստանութեան վասն իշխանացն ամենայն Հայաստանեայց եւ զաւրաց իւրեանց.

> *«Ազգ մի խոտոր եւ անհնազանդ են, ասէ, կան ի միջի մերում եւ պղտորեն: Բայց ե՛կ, ասէ, ես զիմս ժողովեմ եւ ի Թրակէ գումարեմ. եւ դու զքոյդ ժողովէ եւ հրամայէ յԱրեւելս տանել: Զի եթէ մեռանին՝ թշնամիք մեռանին. եւ եթէ սպանանեն՝ զթշնամիս սպանանեն. եւ մեք կեցցուք խաղաղութեամբ: Զի եթէ դոքա յերկրի իւրեանց լինիցին՝ մեզ հանգչել ոչ լինի»:*

Միաբանեցան երկոքին: Եւ սկսաւ կայսրն հրաման տալ, զի ժողովեսցեն եւ ի Թրակէ գումարեսցեն. եւ սաստիկ տագնապէր՝ հրամանն կատարէր: Եւ սկսան փախչել ի կողմանէն յայնմանէ եւ գալ ի ծառայութիւն Պարսից, մանաւանդ որոց երկիրն ընդ նորա իշխանութեամբ էր: Իսկ նա զամենեսեան ընդունէր մեծարանաւք եւ մեծամեծ պարգեւս քան զկայսր պարգեւէր նոցա. մանաւանդ իբր տեսանէր զփախուստ նոցա ի կայսերէն՝ եւս առաւել մեծապէս սիրով կամէր զամենեսեան կորզել առ ինքն:

VI. Maurice writes Xosrov a letter of condemnation about the princes and troops of Armenia, suggesting that he send those [princes and troops] in his section to thrace while [Xosrov] send those in the Iranian section to the East; the flight of princes in the Byzantine section to Iran; Xosrov dispatched the hamarakar with much treasure to the Byzantine section to attract many [princes] to his side; the princes ravish the treasure; preparation for war; the message; disunity of the princes, some of whom went to the Byzantines, others to the Iranians.

In that period the Byzantine emperor ordered a letter written to the Iranian king. [It was] a complaint about the princes of all Armenia, and their troops [which read as follows]:

> *"There is a crooked and disobedient people which dwells between us and causes trouble. Come now, I shall assemble mine and send them to Thrace. Assemble yours and have them taken East. Should they die, [our] enemies will be the ones dying; should they kill others it will be our enemies who perish, and we shall live in peace. But should they remain in their own country, we shall have no rest".*

Then the two [rulers] united. The emperor started ordering [the Armenians] to assemble to go to Thrace, and he was implementing the order with extreme violence. [The Armenian princes and their troops] began to flee from the [Byzantine] sector and to go in service to the Iranian king—especially those whose country lay under [the emperor's] jurisdiction. Now [Xosrov] received all [the fugitives] with more exaltation and much greater gifts than the emperor had ever bestowed on them. This occurred even more when he saw them fleeing from the emperor, he wanted to win them to his side with even greater affection.

VOLUME I

Արդ՝ իբրեւ տեսանէր թագաւորն Պարսից զմարդկան փախուստ ի կայսերէն՝ արձակոյր ի Հայս զՎասպուրականն համարակարն հանդերձ զանձու բազմաւ եւ մեծամեծ պատուովք. զի այնպէս նուաճեալ ածցէ զնոսա ի ծառայութիւն իւր. եւ գնայր համարակարն ի Հայս, եւ ընդ նմա զանձ ուղտուք բազմաւք:

Եւ մինչ Սամուէլ Վահեւունի հանդերձ այլովք ընկերաւք իւրեանց գնացին ընդդէմ նորա եւ պատահեալ նմա ի սահմանս Ատրպատական աշխարհին՝ հանին զգանձն, եւ համարակարին զարեւն պարգեւ շնորհեցին: Եւ էին այսոքիկ.

Ատատ Խորխոռունի,
Սամուէլ Վահեւունի,
Մամակ Մամիկոնեան,
Ստեփանոս Սիւնի,
Կուտիտ Ամատունեաց տէր,
Թէոդորոս Տրպատունի,
եւ հեծեալք իբրեւ երկու հազարք:

Եւ զայս եղեալ ի մտի՝ եթէ զանձուդ այդուիկ զՀոնս մե՛ր արասցուք. եւ առեալ ի նոցանէ ազնականութիւն՝ պատերազմեսցուք ընդ երկոսին թագաւորսդ, եւ բռնութեամբ զերկիրդ մեր ի մեզ դարձուսցուք: Եւ հասեալ ի Նախճաւան քաղաք՝ քակտեցան խորհուրդք միաբանութեան. ո՛չ հաւատալով միմեանց ի բաց բաժանեցին զգանձն, եւ բանակեցան եւ նստան ի շամբին, որ կոչի Ճահուկ: Նա աւանիկ համարակարն երթեալ ի դուռն՝ պատմեաց թագաւորին զամենայն եղեալսն եւ բանք կայսերն արդարացան:

Now when the Iranian king observed the flight of people from the emperor, he sent to Armenia the Vaspurakan *hamarakar* with much treasure, and very great honors to subdue [the princes] with it and to draw them into his service. The *hamarakar* went to Armenia with treasure loaded onto numerous camels.

Samuel Vahewuni with other comrades went against him, encountering him at the borders of the land of Atrpatakan. They took the treasure [but] granted the *hamarakar* his life. [The princes were]:

Atat Xorhxorhuni, Samuel Vahewuni,
Mamak Mamikonean,
Step'annos Siwni,
Kotit, lord of the Amatunik',
T'eodos Trpatuni,
and about 2,000 cavalrymen.

They were thinking as follows: "With that treasure we shall make Armenia our own. With their aid we shall wage war with both kings and forcibly return our country to ourselves." [But] once they reached the city of Naxchawan, their plan of unity came apart. They did not believe one another, they divided the treasure, and then encamped in the swamp called Chahuk. Meanwhile that *hamarakar* went to court and informed the king of all that had transpired. And the emperor's words were vindicated.

Յայնժամ հրամայէ գրել Խոսրով արքայ հրովարտակ առ կայսր, եւ խնդրէ զաւր յաւգնականութիւն, եւ արձակու անդրէն զՎասպուրական համարակարն ի Հայս: Յայնժամ հրամայէ Հերակղի զաւրավարի, որ նստէր ի Հայաստան երկրի, առնուլ զզաւրս իւր եւ գնալ ի վերայ նոցա ի պատերազմ: Եւ արդ՝ երթեալ միացան երկուց թագաւորացն զաւր ի Նախճաւանն քաղաքի: Եւ եղեւ ի գումարել ի վերայ նոցա զաւրացս այսոցիկ՝ սկսան արձակել առ նոսա պատգամս, զի մի՛ լիցի պատերազմ եւ արիւնհեղութիւն ի մէջ քրիստոնէից, այլ ի բաց կացցեն ի յամառութենէն յայնմանէ, եւ նուաճեսցին անդրէն ի ծառայութիւն թագաւորին, եւ երդմամբ հաստատեալ առ նոսա, եթէ ո՛չ երկիւղ է ձեզ ի թագաւորէն: Ասէր եւ համարակարն, եթէ «Զիս արքայից արքայ առ ձեզ արձակեաց, եւ ես ձեզ իսկ բերի զգանձն, եւ չի՛ք ինչ ձեզ երկիւղ յարքայից արքայէ», եւ ցուցանէր նոցա երդումն ըստ աւրինի իւրեանց:

Սկսան նոքա քակտել եւ բաժանել ի միմեանց. ի բաց եկաց ի սոցանէ Մամակն Մամիկոնեան եւ Կոտիտն Ամատունեաց տէրն եւ Ստեփանոս եւ այլք եւս ընդ նոսա, զանձինս անվնաս ցուցանելով համարակարին՝ նուաճեցին զզաւրս իւրեանց ի ծառայութիւն արքային Պարսից: Իսկ Ատատն Խորխոռունի եւ Սամուէլն Վահեւունի զաւրաւքն իւրեանց փախստական գնացին ընդ քաղաքագեւղն կոչեցեալ Սաւղայ, հասանէին յաշխարհն Աղուանից, ի Հոնս դէմս արարեալ, եւ անցեալ ընդ գետովն որ կոչի Կուր՝ բանակէին առ գետեզերբն:

King Xosrov ordered that a *hrovartak* be written to the emperor, requesting an auxiliary force. He also dispatched the Vaspurakan *hamarakar* to Armenia. Then [the emperor] ordered the general Heraclius who was located in the country of Armenia to take his troops and go against [the rebels] in battle. The troops of the two kings united in the city of Naxchawan. As these troops started to mass, they began sending messages [to the rebels] saying: "Let there not be warfare and bloodshed among Christians. Rather, abandon your stubbornness and resign yourselves to serving the king." By oaths they confirmed that "you have nothing to fear from the king." The *hamarakar* also said: "The king of kings sent me to you; indeed, I brought the treasure for you. You have nothing to fear from the king of kings." He gave an oath, in accordance with their custom.

[The Armenian rebels] began to separate and divide from each other. Mamak Mamikonean, Kotit, lord of the Amatunik', Step'annos and others withdrew, displaying themselves as innocent to the *hamarakar*, subduing their troops into serving the Iranian king. Meanwhile Atat Xorhxorhuni and Samuel Vahewuni and their troops fled. Going via the town called Sawdk', they reached the land of [Caucasian] Aghuania, heading for the Huns and, after crossing the river called Kur, they encamped on the riverbank.

Հասեալ եւ սորքա յափն գետոյն՝ բանակէին աստի կող-մանէ: Եւ իբրեւ ոչ կարացին նոքա վստահանալ ի ճամբարս Հոնաց, յայնժամ ապա երդումն խնդրեալ ի թագաւորէն Յու-նաց, եւ գնացին ի ծառայութիւն նորա: Գնացին ոմանք առ համարակարն, եւ դարձան անդրէն յերկիրն իւրեանց: Եւ ժողովեալ համարակարին զամենայն իշխանս եւ զզաւրս Հայոց, որ ի Պարսից կողմանէ՝ ողորքաւ եւ եւս քաղցր բան-իւք յորդորեալ զամենեսեան միաբանեաց, արար գունդս գունդս: Եթող անդրէն յաշխարհին սակաւուք եւ գնաց. «Մինչեւ ես ծանուցից, ասէ, վասն ձեր, եւ հասցէ անտի հր-աման դադարել անդ»: Ձի զմտաւ իսկ ածեալ էր նորա եւ զայլոց զալն առ նոսա եւ զբազմանալն:

Իսկ զԱտատն Խորխոռունի փութանակի հանդերձ զաւրուն իւրոյ կոչէ թագաւորն ի պաղատն, եւ մեծարէ շքով եւ պատուով. եւ տայ ինչս բազումս եւ գումարէ ի Թրակացիս:

[The Huns] also reached the river and encamped on the opposite side. And as soon as [the rebels realized] that they could not trust the Huns' camp, they requested an oath from the Byzantine emperor and went into his service. Some went to the *hamarakar* and then returned to their own country. The *hamarakar* assembled all the princes and troops of the Iranian sector of Armenia encouraging them all through persuasion and sweet words. He united them and formed them into brigades. Leaving few in the land, he departed, saying: "until I find out about you, and a command comes to remain there." For it had entered his mind that others would come to [the rebels] and that they would multiply.

The emperor summoned Atat Xorhxorhuni and his troops to quickly come to the palace. He exalted [Atat] with splendor and honor, gave him numerous goods, and sent him to Thrace.

Է. Իշխանք Հայոց Յունական մասին ապստամբին. պատերազմ. մահ ոմանց ի պատերազմի, եւ երկուցն գլխատիլ:

Ապստամբէին դարձեալ ի կողմանցն Յունաց սեպուհքն Վահեւունիք՝ Սամուէլն զոր ասացի եւ Սարգիս եւ Վարազ Ներսէհ եւ Ներսէս եւ Վստամ եւ Թէոդորոս Տրպատունի: Եւ խորհէին սպանանել զկորատորն՝ մինչդեռ նա նստէր ի ջերմկի՝ բժշկել ի հիւանդութենէ, մերձ ի քաղաքն Կարնոյ: Իսկ նա ուստեմն իրազեկ եղեալ՝ փախստական ի քաղաքն անկանէր. եւ նոցա արշաւեալ ի ջերմուկն՝ ոչ դիպան նմա: Ապա աւարեալ զոր ինչ ի դիմի հարկանէր՝ առին աւար բազում, եւ գնացին յերկիրն ամուր Կորդուաց. եւ կամեցեալ զամուրսն զայն ունել:

Ապա զհետ նոցա լինէին զաւրն Յունաց, Հերակղ զաւրավար եւ Համազասպ Մամիկոնեան. եւ նոցա հասեալ մերձ յամուրն՝ անցին զգետովն՝ որ կոչի Ջերմաց ընդ կամուրջն, որ անուանեալ կոչի Դանիէլի կամուրջ, եւ ի բաց ընկեցին զկամուրջն եւ ամրացեալք յանձուկն պահէին զտեղի կամրջին: Կային առ գետեզերբն, եւ խորհէին՝ թէ զի՛նչ արժան է առնել: Եւ իբրեւ ոչ գտին հուն, եւ կամեցան դառնալ ի բաց՝ յանկարծակի ի դիմի հարկանէր սոցա երէց մի ուղեւոր. եւ կալեալ նոցա զերէցն՝ ասեն նմա. «Ցո՛յց մեզ զհուն գետոյս, ապա թէ ոչ սպանցուք զքեզ»: Եւ նորա առեալ զզաւրն՝ եցոյց զհունն ի ներքոյ անդ: Եւ անցեալ զաւրն ամենայն զգետովն՝ ոմանք ի թիկանց զամուրն պահէին, եւ ոմանք զկամրջախելն եւ զձորաբերանս ունէին, եւ այլք մտեալ յամուրն՝ ընդ նոսա մարտնչէին, եւ չարաչար լինէր կոտորածն. բայց սակայն սպառէին զնոսա:

VII. The Armenian princes in the Byzantine sector rebel; the war; the deaths of some in battle and the decapitation of two [rebels].

Once again the Vahewunik' *sepuhs* in the Byzantine sector—Samuel whom I mentioned above, and Sargis and Varaz Nerseh and Nerses and Vstam and T'eodoros Trpatuni—rebelled. They planned to kill the [Byzantine] curator while he was seated in the hot springs close to the city of Karin, to cure an illness. But [the latter] was informed somehow and fled to the city. Thus, when they invaded the bath, they did not encounter him. Then [the rebels] looted whatever they found, taking a great deal of booty, and departed to the secure Korduats' country. They wanted to have the stronghold there.

Now the Byzantine forces with general Heraclius and Hamazasp Mamikonean pursued them. [The rebels] approached the stronghold, crossing by bridge the river called Jermay (which is styled Daniel's bridge). They cut down the bridge and fortified themselves in a pass where they held the site of the bridge. [The Byzantines] were on the [opposite] riverbank wondering what to do. Because they were unable to find a ford, they wanted to depart. But unexpectedly, a traveling priest strayed into their midst. They seized him and said: "If you do not show us the river's ford, we will kill you." [The traveler] took the forces and showed them the ford [at a place] below where they were. All the troops crossed the river. Some of them held [watch over] the stronghold, others the bridgehead. [Some] held the mouth of the valley, others entered the stronghold and battled with them. The devastation was enormous, and [the rebels] were worn out.

Արդ՝ զՆերսէս եւ զՎստամ եւ զՍամուէլ սպանին ի պատերազմին, որք ոչ սակաւ արարին շուրջ զնովաւ զկոտորածն. բայց զՍարգիս եւ զՎարազ Ներսէհ ձերբակալ արարին հանդերձ այլովք ոմամբք. եւ տարեալ ի Կարնոյ քաղաք, եւ ապա գլխատեցին: Որ ի ժամ գլխատելոյն ասէր Վարազ Ներսէհ ցՍարգիս. «Վիճակ արկցուք, թէ զո՛ առաջի սպանցեն»: Իսկ Սարգիս ասէր. «Ես այր ծեր եմ եւ մեղաւոր, աղաչեմ զձեզ, զպարգեւսդ այդ ինձ շնորհեցէք. թո՛ղ զի փոքր մի հանգեայց, եւ ոչ իսկ տեսից զմահս ձեր»: Ապա զնա յառաջ գլխատեցին: Բայց Թէոդորոսն Տրպատունի փրծեալ փախստական գնաց ի դուռն արքային Պարսից: Եւ նորա կապել հրամայեաց եւ տալ ի ձեռս թշնամեացն, զի մեռցի. եւ սաստիկ աղետիւք վտանգեցոյց:

Եւ թշնամիքն որ էին ի Թրակացւոց կողմանէն, աւար առին զթագաւորութիւնն, անհուն զաւրացն բազմութեամբ ի ձեռն հապճեպ պատերազմացն զթագաւորութիւնն եւ զազգս Հոռվմայեցւոց տէրութեանն կամեցեալ բառնալ, եւ թագաւորութեանն տիրել անձամբ ի վերայ թագաւորանիստ քաղաքին:

Killed in the battle were Nerses, Vstam, and Samuel, who killed quite a few [warriors] around them in fight. But Sargis and Varaz Nerseh were arrested along with some others. They were taken to the city of Karin and later beheaded. When they were about to be beheaded, Varaz Nerseh said to Sargis: "Let's cast lots to see whom they kill first." But Sargis replied: "I am an old, blame-worthy man. I beg you, grant me this little respite, that I not see your death." So they beheaded him first. Now T'eodoros Trpatuni fled to the court of the Iranian king, for refuge. But [the king] ordered him bound and delivered into the hands of his enemies to be put to death. And [the king] visited severe misfortunes upon him.

The enemies who were in the Thrace area, having looted the kingdom by means of quick engagements conducted by a countless multitude of troops, [now] wanted to destroy the kingdom and people of the lordship of the Romans, and to actually rule over the royal city itself.

Ը. Հրաման ի կայսերէն ժողովել արեւելեան զաւրաց իւրոց եւ Հայաստանեաց, անցանել ընդ ծով եւ գումարիլ ի Թրակիա ընդդէմ թշնամւոյն, ընտրիլ Մուշեղայ նոցա զաւրագլուխ, յաղթել, ապա յաղթիլ, եւ ըմբռնիլ Մուշեղայ եւ սպանանիլ:

Յայնժամ թագաւորն Յունաց հրաման տայր՝ ժողովել զաւրաց իւրոց զամենայն որ յարեւելից կողմանէ. վասն զի խաղաղութիւն էր, եւ բանք ինչ ոչ գոյին նորա ընդ Ասորիսն ի Պարսից տէրութենէն: Հրաման ետ անցուցանել զամենեսեան ընդ ծով, եւ գումարել ի կողմանս Թրակացւոց ընդդէմ թշնամւոյն: Հրաման ետ դարձեալ ժողովել զամենայն այր եւ ձի ի Հայաստանեայց եւ զիշխանս նախարարացն, որք հմուտ էին եւ կարող զդէմ ունել՝ կռուել ռազմ ի նիզակամուխ ճակատի: Եւ հրաման ետ դարձեալ վերստին զաւր հանել յաշխարհէն Հայոց բազում յոյժ, զամենեսեան կամով եւ ընտրով հասակի. կազմել գունդս զարդու եւ զինու վառեալ եւ անցուցանել զամենեսեան յաշխարհն Թրակացւոց ընդդէմ թշնամւոյն. եւ Մուշեղ Մամիկոնեան զաւրագլուխ նոցա:

Արդ՝ երթեալ նոցա ի վերայ ազգացն, որ ունէին զկողմանս արեւմտից ի յեզր մեծի գետոյն Դանուբայ: Եւ եղեւ պատերազմ սաստիկ ի վերայ երեսաց երկիրն այնորիկ. խորտակեցաւ զաւրութիւն թշնամւոյն այնորիկ առաջի երեսաց զաւրացն Յունաց, եւ փախստական արարեալ յայնկոյս գետոյն Դանուբայ: Եւ ինքեանք մեծաւ յաղթութեամբ հրեշտակ աւետաւոր կայսերն եւ ամենայն պաղատոյն փութանակի առաքէին:

VII. The Emperor's order to gather his eastern forces and those of Armenia to cross the sea and assemble in Thrace against the enemy. The selection of Mushegh as their commander. The victory, vanquishment, seizure and killing of Mushegh.

The Byzantine emperor gave a command to assemble all of his forces which were in the Eastern area, for it was peacetime and he had no difficulties with Syria, from the Iranian lordship. He ordered that all [the troops] be taken across the sea and assembled against the enemy in the Thracian area. He also commanded the entire cavalry of Armenia, and the princes of the *naxarars* who were skilled and able to resist and fight in a spear- throwing battle. Again [Maurice] ordered that very many troops be raised from the land of Armenia a second time, all of choice age and determination, [that they] be organized into decorated brigades, armed, and transported to the land of Thrace against the enemy. Mushegh Mamikonean was their commander.

Now they went against the peoples who hold the area west of the great Danube river. A fierce battle took place in that country. The enemies' strength was shattered before the Byzantine forces, and they fled to the other side of the river. With great victory they quickly dispatched to the emperor a messenger with the glad tidings.

Եւ գնացեալ ինքեանք ի ներքին կողմն աշխարհին ասպատակաւ, եւ անցին ի նեղ ինչ տեղիս, աւերէին զերկիրն ամենայն, եւ հասեալ ի դիմին՝ եղեւ պատերազմ մեծ. հարին զՅոյնն եւ խորտակեցին կործանմամբ մեծաւ, եւ փախստական վարեցին առաջի իւրեանց: Եւ կալեալ զնեղ վայրն առաջի նոցա թշնամեոյն՝ վանեցին զնոսա սրով սուսերի, եւ ճողոպրեալ հազիւ հազ զերծանէին յամուրս աշխարհին Թրակացւոց: Եւ ձերբակալ արարին զՄուշեղն Մամիկոնեան, կապեցին զբարձրաբերձ տնկոյ անտառին եւ սպանին: Եւ բազմութիւն նախարարացն եւ զաւրացն Հայաստանեայց յաւուր յայնմիկ կործանեալ սատակեցան:

Ապա վերստին դարձեալ այլ զաւրս գումարեալ՝ հրամայեաց թագաւորն միայն զգուշանալ անձանց:

Then they went to an area below where they were, raiding. They crossed a narrow place, laying waste the entire country. Coming opposite [to the Byzantine army], [the enemy] waged a great battle, striking at the Byzantines, destroying them with great slaughter and driving them in front of themselves, as fugitives. [But] the enemy had seized a narrow pass before them and so put [the Byzantines] to the sword. [The Byzantines] were barely able to save their lives in the strongholds of the land of Thrace. [The enemy] had arrested Mushegh Mamikonean, bound him to a tall tree in the forest, and killed him. On that day a multitude of the *naxarars* and troops of Armenia were killed.

Yet another time did the emperor order other troops called up, telling them only "Look out for yourselves."

Թ: Հրաման կայսերն Մաւրկայ քարոզել զժողովն Քաղկեդոնի ի հայս. բաժանումն Աթոռոյ հայրապետութեան:

Հրաման ելանէ դարձեալ ի կայսերէն վերստին այլ՝ քարոզել զժողովն Քաղկեդոնի յամենայն եկեղեցիս Հայաստան երկրի, եւ միաւորել հաղորդութեամբ ընդ զաւր իւր: Իսկ մանկունք ուխտի եկեղեցեացն Հայոց փախստական գնացեալ յաւտար երկիր վարէին: Եւ բազմաց առ ոչինչ համարեալ զհրամանն՝ զտեղի կալան եւ անշարժ մնացին: Եւ բազումք հաւանեալ փառասիրութեամբ հաղորդեալ միաւորեցան աւրինաւք: Բաժանեցաւ ապա եւ աթոռ կաթողիկոսութեանն յերկուս. անուն միոյն Մովսէս, եւ միւսոյն՝ Յովհան: Մովսէս ի Պարսից կողմանէ, եւ Յովհանն՝ Յունաց:

Եւ Յովհան ընդ նոսա հաղորդեալ միաւորեցաւ, բայց Մովսէս ամենեւին ոչ լինէր ի նոսա հուպ: Եւ սպասք ամենայն եկեղեցւոյն որ ի Դւինի սրբոյն Գրիգորի, զոր տարան եդեալ ի պահեստի ի Կարնոյ քաղաքի: Ուստի վարեցաւ ինքն այսուհետեւ ի գերութիւն յերկիրն Պարսից, յԱհմատան շահաստան:

IX. Emperor Maurice's order to preach [the acceptance of] the Council of Chalcedon in Armenia; the division of the patriarchal throne.

Once again the emperor issued an order, this time to preach [acceptance of] the Council of Chalcedon in all churches of the country of Armenia, and to celebrate communion with his troops. Now the clergy of the churches of Armenia they treated as fugitives going to a foreign country. But many disregarded the order and remained where they were, not budging. Many of the faithful, however, out of the love of ambition, united [with the Byzantines] in communion. Then the Catholicosal throne was divided into two parts. One [of the Catholicoi] was named Movses; the other, Yovhan. Movses was in the Iranian sector; Yovhan was in the Byzantine [sector].

Yovhan communed with [the Byzantines] but Movses was in no way close to them. The vessels of the entire Church which had been at [the church of] saint Gregory in Dwin, were taken and placed in a repository in the city of Karin. But [Yovhan] himself was later taken into captivity to Ahmatan *shahastan* in the country of the Iranians.

Ժ. Հրաման դարձեալ ի կայսերէն ժողովել զայրեւձի ի Հայոց. տանելն զզաւրս Մամիկոնեան Սահակայ, եւ Սմբատայ Բագրատունւոյ. դառնալն Սմբատայ ի Հայս. խորհուրդ նախարարացն Հայոց. երթալ Սմբատայ առ կայսրն եաւթն արամբք. ընկենուլ ի կիւնիկն. քաջութիւն Սմբատայ անդ. ազատիլ եւ ապա աքսորիլն յԱփրիկէ:

Յայնմ ժամանակի դարձեալ հրաման ելանէր ի կայսերէն՝ վերստին քննել եւ խնդրել յաշխարհէն Հայոց զայր եւ զձի արս ընտիրս սպառազէնս ԲՌ հեծելոց, եւ տալ յերկուս արս հաւատարիմս եւ արձակել մեծաւ ստիպով:

Յայնժամ ի խնդիր ելեալ ընտրեցին արս ԲՌ սպառազէնս եւ ետուն երկու հազարս յերկուս արս հաւատարիմս, մի հազար ցՍահակ Մամիկոնեան եւ մի հազար ի ձեռն Սմբատայ Բագրատունւոյ, որդւոյ Մանուէլի: Եւ ոչ ընդ մի ճանապարհ արարեալ նոցա զչուն, այլ զՍահակ Մամիկոնեան արձակեն միով հազարաւ ընդ Սեբաստիա, եւ զՍմբատ Բագրատունի միւսովն ընդ կողմանս Խաղտեաց: Եւ Սահակ գնացեալ տանի հասուցանէ զզաւրն ի պաղատն, եւ յանդիման լինի թագաւորին:

Իսկ Սմբատ հասեալ ի Խաղտիս՝ բռնանայ. քանզի երկեաւ զաւրն ի ճանապարհի, ոչ կամեցեալ երթալ ի տեղին յայն զհետ թագաւորին խնդրոյ: Ազդ լինի թագաւորին եղեալ իրքն. ապա ի ձեռն հրովարտակաց եւ հաւատարիմ հրեշտակաց երդմամբ խոստանայ՝ մեծաւ պատուով փութանակի արձակել յերկիրն իւր: Եւ զաւրուն խոստանայր պատիւս մեծամեծս եւ ինչս, եւ այնպէս ողոքեալ ածէ ի հաշտութիւն: Եւ գնացեալ միաբանութեամբ յանդիման լինէին թագաւորին: Եւ թագաւորն սպառազինէ զզաւրն եւ զարդարէ եւ գումարէ ի սահմանս Թրակացւոց, եւ զՍմբատ մեծաւ պատուով յուղարկէ անդրէն հասանել յերկիրն իւրեանց բազում ստացուածովք:

X. Again the emperor's command to assemble the Armenian cavalry. The troops of Sahak Mamikonean and Smbat Bagratuni are taken. Smbat returns to Armenia. The Armenian naxarars' plan. Smbat goes to the emperor with seven men. [Smbat] falls into combat. Smbat's bravery there. His liberation, and exile to Africa.

In that period, once again a command issued from the emperor to seek and demand 2,000 select armed cavalrymen from the land of Armenia, to entrust them to two faithful [commanders] and to dispatch them with all possible haste.

So 2,000 armed men were selected and entrusted to two faithful men: 1,000 to Sahak Mamikonean, and 1,000 to Manuel's son, Smbat Bagratuni. But they did not go by the same road. Rather, they sent Sahak Mamikonean with 1,000 [men] by way of Sebastia; and Smbat Bagratuni with the other [1,000 soldiers] via the Xaghteats' area. Sahak took [his] troops to the palace, to the king's presence.

Smbat, however, upon reaching Xaghtik', became his own man. For, en route, the force became frightened and did not want to go [to Thrace] in compliance with the emperor's request. The emperor was informed about the events. By means of *hrovartaks* and trustworthy emissaries [the emperor] promised [Smbat] with an oath that he would send him back to his own country with great honor, and quickly. He promised the troops very great honors and goods, and thus did he coax them to a reconciliation. [Smbat's army] went united before the emperor. The emperor armed the troops, decorated them, and sent them to the borders of Thrace. He sent Smbat back to their country with great honor and many goods.

VOLUME I

Ապա դարձեալ սկսան միաբանել մնացեալ նախարարքն Հայոց, եւ խնդրէին ի բաց կալ ի ծառայութենէն Յունաց թագաւորին եւ նստուցանել իւրեանց թագաւոր, զի մի՛ եւ նոցա հասցէ մեռանել ի կողմանս Թրակացւոց, այլ կեալ եւ մեռանել ի վերայ աշխարհին իւրեանց: Եւ բանք խորհրդոց նոցա ոչ ունէր զմիաբանութիւն իրին յինքեանս հաստատեալ, այլ ոմանք ի նոցանէ շոգմոգութեամբ հասուցին զբանս խորհրդեանն յունկն թագաւորին, եւ ինքեանք այսր եւ անդր սորսորեալ խուսափէին:

Յայնմ ժամանակի հասանէին դեսպանք արքունականք հրովարտակաւք, եւ կալեալ զՍմբատ հանդերձ այլովք ոմամբք եւթն արամբք եւ տարան յանդիման թագաւորին: Եւ քննեալ զնոսա ի մէջ բազմամբոխ հրապարակին՝ հատաւ վճիռ ի վերայ նոցա՝ մերկացուցանել եւ ընկենուլ ի կինիկն: Եւ էր սա այր անհեդեդ անձամբ եւ գեղեցիկ տեսլեամբ, եւ բարձր եւ լայն հասակաւ, եւ բուռն եւ ցամաք մարմնով: Յայնժամ հզաւր եւ պատերազմող, որ ի բազում պատերազմունս ցուցեալ էր զիւր քաջութիւնն եւ զբռնութիւն: Այս է զաւրութիւն նորա. քանզի անցեալ սա ի ներքոյ աննտառախիտ մայրեաց եւ զաւրաւոր ծառոց, ի վերայ յաղթանդամ եւ հզաւր երիվարին, եւ յարձակեալ զոստով ծառոյն՝ բուռն հարկանէր, եւ կծկեալ ուժգին երանաւքն եւ ոտիւք զմէջ երիվարին՝ վերացուցանէր երանաւքն ի գետնոյն. մինչ զի ամենայն զաւրացն տեսեալ ահաբեկ լինէին ի զարմացմանէ:

Once again the remaining *naxarars* of Armenia started to unite, seeking to stop serving the Byzantine emperor. They also wanted to enthrone their own king so that they too not go to Thrace to die, but rather [they planned] to stay where they were and die upon their own soil. But there was disunity in their councils regarding what they established. And some of them went as informers taking the story to the emperor's ears. Then [the rebels] dispersed here and there eluding [the Byzantine forces].

In that period imperial ambassadors arrived with edicts. They seized Smbat and seven other men and took them before the emperor. Investigating them in front of the multitudinous public, the verdict was passed that [Smbat] be stripped and thrown into the arena. [Smbat] possessed a gigantic size; he was handsome, tall of stature, broad-shouldered with a body as [hard] as a fist, or the ground. He then was mighty and martial and had displayed his bravery and force in numerous wars. Such was his strength that [once] when riding on a large and powerful horse, passing through a dense forest of pines and [other] strong tress, Smbat seized a branch of the tree, energetically wrapped his torso and legs around the horse's middle and lifted [the horse] bodily from the ground. When all the troops saw this they were awestruck with wonder.

Եւ արդ՝ մերկացուցեալ զնա եւ ագուցեալ անդրավարտիս եւ ընկեցեալ ի կիւնիկն, զի կուր լիցի գազանաց: Եւ արձակեալ ի վերայ նորա արջ: Եւ եղեւ՝ իբրեւ դիմեաց ի վերայ նորա արջն՝ նա աղաղակեաց մեծաձայն եւ ընթացաւ ի վերայ արջոյն, եւ զարկեալ բռամբ իւրով զճակատն, եւ անդէն սատակէր զնա ի տեղւոջն: Երկրորդ անգամ արձակեցին ի վերայ նորա ցուլ: իսկ նորա բուռն հարեալ զեղջերացն ցլուն, եւ զաղաղակ հզաւրին եւ յաւգնեալ ցուլն ի մարտին՝ գելոյր զպարանոցն եւ խորտակէր զերկոսին եղջիւրսն ի վերայ գլխոյն. թուլանայր ցուլն եւ յետս գնալով ի փախուստ դառնայր: Իսկ նորա զհետ ընթացեալ՝ բուռն հարկանէր յագին եւ ի կճղակն ազդեր միոյ ոտին նորա, եւ թափեալ զկճղակսն՝ մնայր ի ձեռին նորա: Եւ ցուլն գնայր ի նմանէ փախստական, միով ոտամբն բոկ: Դարձեալ երրորդ անգամ արձակեցին ի վերայ նորա առիւծ: Եւ եղեւ՝ ի վերայ նորա յարձակել առիւծուն՝ այնպէս իմն յաջողեալ նմա ի տեառնէ, բուռն հարեալ յականջ առիւծուն՝ հեծաւ ի վերայ նորա: Եւ անդէն բուռն հարեալ զխռչափողիցն՝ խեղդէր զառեւծն եւ սպանանէր: Անդ աղաղակ բազում ամբոխին զերկիրն լնուին, եւ խնդրէին ի վերայ նորա ողորմութիւն ի թագաւորէն:

Եւ նա վաստակեալ ի մարտին՝ նստէր ի վերայ առիւծուն մեռելոյ, զի փոքր մի հանգիցէ: Անդ եւ կին թագաւորին անկեալ առ ոտս նորա՝ խնդրէր ի վերայ նորա առնել ողորմութիւն. վասն զի սիրելի էր յառաջն այրն այն թագաւորին եւ կնոջ նորա, եւ անուանեալ էր զնա իւր յորդեգիրս: Եւ նա զարմացեալ ընդ զաւրութիւն եւ ընդ պնդութիւն առնն եւ լուեալ պաղատանաց կնոջն եւ ամենայն պաղատոյն՝ հրամայեաց առնել ի վերայ նորա ողորմութիւն:

So they stripped [Smbat], dressed him in trousers and threw him into the arena to be eaten by the beasts. They released a bear on him. As soon as the bear was opposite him, [Smbat] shouted in a great voice, attacked the bear, punched its forehead with his fist and killed it on the spot. Second, they released a bull on him. [Smbat] seized the bull by the horns, shouted powerfully and, [when] the bull wearied of the fight, [Smbat] wrenched its neck and crushed both horns on [the bull's] head. The bull weakened, and drawing back, took to flight. But [Smbat] ran after the bull and seized it by its tail and worked on the hoof of one of its legs. The hoof came off in his hand, and the bull fled from him, lacking a hoof on one leg. The third time, they released a lion on him. When the lion was attacking him, [Smbat] was aided by the Lord, for he seized the lion by the ear and jumped astride it. Seizing the throat, he choked and killed the lion. Then the clamor of the vast mob filled the place, and they sought the emperor's mercy on [Smbat].

Tired from the combat, [Smbat] sat on the dead lion to rest a little. The emperor's wife threw herself at [the emperor's] feet, requesting mercy for him. For previously the man had been dear to the emperor and to his wife and [the emperor] had styled him his adopted son. [The emperor] was astounded by the man's strength and endurance; and when he heard the entreaties of his wife and all the palace, he ordered that [Smbat] be pardoned.

Յայնժամ տարան զնա ի լուացումն ի բաղանիս. լուացին զնա եւ զգեցուցին, եւ կոչեցին զնա յընթրիս արքունի, դարմանեցին զնա կերակրովք: Եւ զկնի սուղ ինչ անցելոց, մանաւանդ եթէ ոչ ի չար ինչ կամաց թագաւորին, այլ ի նախանձորդաց չարախաւսութենէ, հրամայէ հանել զնոսա ի նաւ եւ աքսորել ի կղզիս հեռաւորս. եւ ապա անտի հրամայէ անցուցանել յԱփրիկէ, եւ առնել նոցա անդ ի մէջ նոցա, եւ առնել զնա անդ ի մէջ զաւրացն, որ էին անդ՝ ի բուն:

Then they took him to the bath for washing. They washed and clothed him, invited him to dine at court, and revived him with food. After a short time, not because of any evil will of the emperor, but from the slander of envious people, [the emperor] ordered [Smbat's men] placed on a boat and exiled to a distant island. And he ordered that [Smbat] be taken to Africa with them and made tribune of the troops there.

ԺԱ. Կոչիլ յԱսորեստան եւ պատուիլ յարքայէն Խոսրովայ այնց նախարարաց, զոր համարակարն եթող, եւ զաւրաց նոցա նախ յԱսպահան:

Իսկ որ ի Պարսից կողմանէ էին նախարարքն եւ զաւրք, զորմէ վերագոյն ասացի, եթէ եթող համարակարն եւ գնաց. թէ մինչեւ հասցէ հրամանն արքունի:

Յայնժամ եկին հասին պէշասպիկք հրովարտակաւք կոչել զնոսա միաբանութեամբ ի դուռն արքունի: Եւ այսոքիկ են նախարարք եւ զաւրք, որ գնացին միաբանութեամբ հանդերձ իւրաքանչիւր գնդովք եւ դրաւշու ի դուռն թագաւորին Պարսից Խոսրովու, յամի վեցերորդի թագաւորութեան նորա:

Առաջին՝ Գագիկ Մամիկոնեան որդի Մանուէլի.
երկրորդն՝ Պապ Բագրատունի որդի Աշոտայ ասպետի.
երրորդն՝ Խոսրով Վահեւունեաց տէր.
չորրորդն՝ Վարդան Արծրունի.
հինգերորդն՝ Մամակ Մամիկոնեան.
վեցերորդն՝ Ստեփանոս Սիւնի.
եւթներորդն՝ Կոտիտ Ամատունեաց տէր,
եւ այլք ընդ նոսա ի նախարարաց:

Եւ հասեալ նոցա յԱսորեստան ի տեղի արքունական տանն եւ յանդիման եղեն թագաւորին: Իսկ նա խնդութեամբ ընկալաւ զնոսա, եւ երեւելի շքեղութեամբ մեծացոյց պատուովք. եւ զմեծամեծ իշխանսն հրամայէ պահել ի դրանն արքունի, կարգել նոցա ռոճիկս յարքունուստ՝ տալ ի տունս իւրաքանչիւր, եւ կոչել յամենայն աւուր յընթրիս արքունի: Եւ զաւրաց նոցա հրաման տայր նստել ի Սպահան աշխարհի, եւ դարմանել զնոսա սիրով եւ ամենայն կամակարութեամբ:

XI. The summoning by king Xosrov to Asorestan of those naxarars whom the hamarakar had left. The stationing of their troops at Spahan.

As I mentioned above, in the Iranian sector were *naxarars* and troops which the *hamarakar* had left there and departed, pending an order from Court.

At that time, *peshaspik'* arrived with edicts, summoning them to court all together. The following are the *naxarars* and troops which went united to the court of Xosrov, king of Iran, each [*naxarar*] with his brigades and banner, in the sixth year of [Xosrov's] reign:

first, Gagik Mamikonean, Manuel's son,
second, Pap Bagratuni, son of *aspet* Ashot,
third, Xosrov, lord of the Vahewunik',
fourth, Vardan Artsruni,
fifth, Mamak Mamikonean
sixth, Step'annos Siwni,
seventh, Kotit, lord of the Amatunik'
and others of the *naxarars* among them.

They reached Asorestan where the royal house was, and went before the king. [The latter] received them with delight, exalting them with noteworthy, lavish honors. He ordered the grandee princes to be kept at court, that court stipends be arranged for them, a dwelling place for each, and that they be summoned daily to dine at court. [Xosrov] ordered that their troops be stationed in the Spahan land, and he sustained them with affection and all spontaneity.

ԺԲ. Դատել Խոսրովայ զքեռիս, սպանումն Վնդոյի, եւ Վստամայ փախուցեալ պատերազմիլ ընդ Խոսրովայ, եւ իշխել ի կողմանս Պարթեւաց:

Յայնմ ժամանակի արկ ի միտս իւր Խոսրով արքայն՝ խնդրել զքէն վրիժուց մահուան հաւր իւրոյ ի ձեռաց նախարարացն այնոցիկ, որք սպանին զնա: Եւ նախ կամի դատել զքեռիս իւր: Հրաման տայ ունել զՎնդոյ, զայն որ վերագոյն ասացի, կապել եւ սպանել: Իսկ եղբայր նորա Վստամ ոչ հանդիպեցաւ ի ժամուն յայնմիկ ի դրանն արքունի: Եւ թէպէտ եւ կոչեալ պատրանաւք եւ բազում ողոքանաւք, իբր թէ ոչ գիտիցէ նա զմահ եղբաւրն իւրոյ, սակայն նա ուստեմն իրազեկ եղեալ՝ ոչ անկանէր ի պատրանս խաբէութեան նորա, այլ ապստամբեալ անկանէր յամուր երկիրն Գեղմայ, եւ գումարեալ նուաճէր ընդ ինքեան զամենայն զաւրս նոցա:

Եւ ելեալ ի կողմն Ռէոյ ասպատակաւ, եւ աւար հարկանէր զամենայն զբազում աշխարհս թագաւորութեանն Պարսից: Յայնժամ արքայն Խոսրով առնոյր զզաւրս իւր եւ գնայր ի վերայ նորա. եւ զաւր կայսերն էր ընդ նմա: Եւ մարտ եղեալ կռուով ընդ միմեանս յՌէհ աշխարհին: Եւ յայնմ պատերազմի ոչ փոքր ինչ քաջութիւն գործեալ հայակոյտ զաւրացն. զոր տեսեալ թագաւորն՝ առաւել զարմանայր:

Իսկ իբրեւ ոչ կարաց ընդդէմ ժուժկալել ապստամբըն՝ ի լեռնակողմն ապաւինեալ ամրանայր: Եւ այնպէս ոչ յաղթահարեալք ի միմեանց՝ ի բաց դառնային յիւրաքանչիւր տեղի: Գնայր եւ ապստամբն Վստամն յամուր յերկիրն Գեղմայ, որ եւ ապա անտի չու արարեալ երթայր ի կողմանս Պարթեւաց, ի բուն երկիրն իւրոյ իշխանութեանն, զի նուաճեցուսցէ ընդ ինքեան զզաւրս կողմանն այնորիկ եւ դարձցի նոյնպէս»:

Եւ թագաւորին չու արարեալ յԱսորեստան՝ հասանէր ի բուն կայեանս իւրոյ արքունականս, եւ իշխանք նախարարացն Հայոց ընդ նմա:

XII. Xosrov judges his uncle Vndo. The killing of Vndo. Vstam flees to war with Xosrov, and he rules in the Parthian areas.

In this period king Xosrov took it into his head to seek vengeance from those *naxarars* who had slain his father. First he wanted to judge his mother's brothers. He gave the order to arrest that Vndo, about whom I spoke earlier, to bind and kill him. However, [Vndo's] brother Vstam was not at court then. Although [Xosrov] summoned him with entreaties and many persuasive words, so that [Vstam] would not find out about his brother's death, nonetheless, he learned about it somehow. Thus he did not fall into [Xosrov's] deception; rather, he went to the secure Gegham country as a rebel, and subdued all of their troops to his command.

[Vstam] went raiding in the area of Rey, looting all the many lands of the kingdom of Iran. Then king Xosrov took his troops and troops from the emperor, and went against him. The battle between them occurred in the land of Rey, and no small feats of bravery were worked by the Armenian troops. When the king saw this, he was even more amazed.

And when the rebel was unable to resist, he secured himself in the mountains. Thus each side returned to its place, neither having triumphed. The rebel Vstam went to the secure Gegham country whence he went to the Parthian area, to his own native country of rule, so that the troops there submit to him, then [he planned] to return.

The king went to Asorestan reaching his own court residence. The *naxarars* of Armenia were with him.

ԺԳ. Մահ իշխանացն Հայոց եւ ապստամբութիւն զաւրացն նոցա որ ի Սպահան, եւ աւերել զերկիրն եւ յափշտակել զզանձն եւ երթալ առ Վստամ։

Յայնժամ հասեալ մահ իշխանացն Հայոց, մեռան ի դրանն արքունի մահուամբ իւրեանց՝ Գագիկ Մամիկոնեան եւ Խոսրով Վահեւունեաց տէր։ Իսկ Մամակ Մամիկոնեան արձակեալ ի Հայս վասն զաւրուն. եւ նորա իսկ եւ իսկ հասեալ ի Դուին քաղաք, կեցեալ սակաւ ինչ աւուրս՝ մեռանէր։ Իսկ Ստեփանոս Սիւնոյ պայքարեալ վասն տանուտէրութեան լեալ ընդ հաւրեղբաւրն իւրում Սահակայ։ Իսկ Սահակ գրէր ի վերայ նորա գիր մահապարտութեան, եւ կնքէր մատանեաւ իւրով եւ տանն եպիսկոպոսի, եւ մատանեաւք այլ եւս իշխանաց Սիւնեաց, յիշեցուցանել թագաւորին զվնաս նոցա ապստամբութեանն։ Յայնժամ հրաման ետ արքայն կապել զՍտեփանոս եւ դնել ի բանտ. եւ գլխատեցին զնա ի բուն աղուհացսն ի զատկին շաբաթուն։ Եւ զԿոտիտ արձակեալ ի Մրծուին դեսպան՝ հրաման ետ հեծելոցն դարանամուտ լինել ի դաշտի, եւ աւազակաբար յարձակեալ ի վերայ՝ սպանին զնա ի ճանապարհին։ Իսկ զաւրն նոցա որ նստէին ի Սպահան աշխարհին, իբրեւ լուան զեղեալսն՝ ապստամբեալ աւերեցին զերկիրն. առին եւ զզանձն արքունի որ ի տանն համարակարին, որ ի հարկաց ժողովեալ աշխարհին այնորիկ. եւ ճանապարհ կալեալ գնացին յամուրն ի յերկրին Գեղմայ։ Եւ զհետ սոցա հասանէին զաւրն պերոզական. զոմանս ի նոցանէ սրով սատակէին, եւ ոմանք ընդ իւրեանս իսկ սուր ելեալ՝ զի մի՛ լիցին ձերբակալեալ. եւ ոմանք մազապուր պրծեալ անկանէին յամուր երկրին Գեղմայ։ Եւ իբրեւ անդ ոչ դիպէին Վստամայ՝ ճանապարհ կալեալ գնացին յերկիրն Պարթեւաց, եւ երթեալ կային առաջին նորա։

XIII. Death of the Armenian princes, rebellion of their troops at Spahan; the destruction of the country, seizure of the treasure and going to Vstam.

At that time death came to the princes of Armenia. Gagik Mamikonean and Xosrov, lord of the Vahewunik', died at court. Mamik Mamikonean, who had been released to Armenia for troops died a few days after reaching the city of Dwin. Meanwhile, Step'annos Siwnik' was fighting for the *tanuterut'iwn* with his father's brother, Sahak. Sahak wrote a document calling for [Step'annos'] death which he sealed with [his] ring and of the House of the bishop, and with the rings of yet other princes of Siwnik', to remind the king about the danger of their rebellion. Then the king gave the order to bind Step'annos and to put him in prison. They beheaded him on Easter day itself, in Easter week. [The king] sent Kotit to Nisibis as an emissary, but commanded cavalrymen to lie in ambush in the field, and, like bandits, to attack and kill him on the road. Now when their troops (which were stationed in the Spahan land) heard about these events, they rebelled and devastated the country. They took the court treasury, which was in the house of the *hamarakar* [and] which was amassed from the taxes of that land. Taking the road, they went to the secure Gegham country. The *perozakan* troops caught up with them. Some of them were killed by [the rebels'] swords, some fell upon their own swords to avoid being captured. Some, escaping by a hairbreadth, got away to the secure Gegham country. But since [the rebels] did not encounter Vstam, they left for the country of the Parthians, and presented themselves before him.

ԺԴ. Տայ Խոսրով Սմբատայ Բագրատունւոյ զմարզպանութիւն Վրկանայ եւ մեծացուցանէ յոյժ. Բարեկարգէ Սմբատ զՎրկան աշխարհն հոգեւոր եւ քաղաքական կրթութեամբ:

Եւ եղեւ ի ժամանակին յայնմիկ հաճոյանալ Սմբատայ Բագրատունւոյ յաչս Խոսրովու արքային. տայ ի նա զմարզպանութիւն երկրին Վրկանայ, առնէ զնա իշխան ի վերայ ամենայն կողմանն այնորիկ, առաւել մեծացուցանէ պատուովք եւ իշխանութեամբ. լնու զնա ոսկւով եւ արծաթով, զարդարէ ի հանդերձս պատուականս եւ յերեւելիս: Տայ նմա զկամարն եւ զսուսերն լեալ հաւր իւրոյ Որմզդի. գումարէ ի ձեռս նորա զաւրս պարսիկս եւ զհայաստանեայս եւ հրամայէ գնալ յերկիր իշխանութեանն իւրոյ:

Էին ապստամբ ի ժամանակին յայնմիկ յարքայէն Պարսիկ երկիրքն, որ անուանեալ կոչի Ամաղ, Ռոյեան, Զրէճան եւ Տապարաստան. զորս վանեալ նորա պատերազմաւ՝ հարկանէր սրով սուսերի եւ ի ծառայութիւն արքային Պարսից կացուցանէր, եւ շինեալ հաստատէր զամենայն երկիր իւրոյ մարզպանութեանն, քանզի էր երկիրն աւերակ: Կային յաշխարհին յայնմիկ ազգն գերեալք ի Հայաստան երկրէ, եւ նստուցեալ առ ստորոտով անապատին մեծի, որ ի Թուրքաստանի եւ ի Դելհաստան կողմանէ. զլեզու իւրեանց մոռացեալ եւ դպրութիւն նուազեալք եւ կարգ քահանայութեանն պակասեալք: Կային անդ եւ ազգ Կոդրեացն, որք գերեցան մերովքն արամբք: Կային անդ եւ յիշխանութենէն Յունաց եւ յԱսորւոց կողմանէ ոչ սակաւք:

Էին ազգ Կոդրեացն անհաւատք. բայց ի վերայ քրիստոնէիցն ծագէր լոյս մեծ. հաստատէին ի հաւատս եւ ուսանէին զդպրութիւն եւ զլեզու. եւ հաստատէին ի կարգ քահանայութեան յաշխարհի անդ երէց ոմն ի նոցանէ, որ անուանեալ կոչէր Աբէլ:

XIV. Xosrov gives Smbat Bagratuni the marzpanate of Hyrcania and greatly exalts him. Smbat improves the land of Hyrcania through spiritual and political education.

In that period Smbat Bagratuni became pleasing to king Xosrov's eyes. [Xosrov] gave him the *marzpanate* of the country of Hyrcania; made him prince over all of those areas besides; exalted him yet more with honors and authority; loaded him with gold and silver; adorned him in gorgeous robes of honor; gave him the belt and sword which had belonged to his father, Ormazd; assembled under his authority the Iranian and Armenian troops and ordered him to go to the country of his appointment.

At that time there were some countries which had rebelled from the king of Iran, namely, Amagh, Rhoyean, Jrechan and Taparastan. [Smbat] defeated them in battle, striking with the sword, and putting them in the service of the Iranian king. He built up the entire country of his *marzpanate*, for it was in ruins. In that land were a people who had been captured from the country of Armenia and settled at the edge of the great desert which is in the area of Turk'astan and Delhastan. They had forgotten their own language, learning had weakened and the order of the priesthood had become reduced. There were also Kodreats' people there, who had been captured along with our own men. And there were not a few there from [lands subject to] Byzantine authority and from the Syrian area.

The Kodreats' people were not believers but a great light dawned on the Christians. They became confirmed in the faith, studied learning and language, and established in the order of priesthood of that land a certain elder from among them named Abel.

ԺԵ. Գալ Վստամայ յԱսորեստան առ ի սպանանել զԽոսրով եւ առնուլ զթագաւորութիւնն. Մեռանիլ ի Պարիովկայ արքայէն Քուշանաց խաբէութեամբ. պատերազմ փոքր ի Վրկան աշխարհի:

Եւ եղեւ ի ժամանակին յայնմիկ նուաճեալ ընդ ինքեան Վստամայ զերկոսին թագաւորսն Քուշանաց, զՇաւկն եւ զՊարիովկն. եւ գումարեալ զամենայն զաւրսն կողմանց Արեւելից՝ դիմեաց գնաց յԱսորեստան զաւրու մեծաւ եւ հզաւր յոյժ, զի սպանցէ զԽոսրով եւ առցէ յինքն զթագաւորութիւն նորա: Եւ զաւրք նորա կային յաջմէ եւ յահեկէ բացագոյն ի նմանէ. եւ արքայն Քուշանաց Պարիովկն ի թիկունս նորա զկնի նորա: Յայնժամ արկեալ ի միտս իւր նենգաւոր արքային Քուշանաց՝ երթեալ անցանէր զառաջեաւ նորա սակաւ արամբք, եւ իջեալ յերիվարէն երկիր պագանէր ի վերայ երեսաց իւրոց եւթն անգամ: Եւ մատուցեալ սա յառաջ՝ հրամայեաց հեծանել անդրէն յերիվարն իւր: Եւ դարան գործեալ էր նմա ի ճանապարհի: Ասէ ցնա Պարիովկն. «Հրամայեա՛ արձակել ի քէն զամբոխդ, զի խաւսեցայց ինչ ընդ արքայի բանս ինչ խորհրդեան»: Որոյ ոչ զգացեալ զնենգութիւն նորա՝ հրամայեաց մարդկանն երթալ յինքենէ: Եւ եղեւ մինչդեռ երթային նոքա զճանապարհն եւ խաւսէին՝ ելին յանկարծակի դարանակալքն ի տեղւոջէն իւրեանց, եւ հարեալ սպանին զՎստամ: Եւ ժամադիր լեալ զաւրացն իւրոց Պարիովկն՝ ազդ առնէր նոցա փութանակի, եւ նոցա զհետ արշաւեալ հասանէին եւ կալեալ զկին Վստամայ եւ զամենայն աղխ եւ զկարասի նորա՝ դարձան փութանակի եւ գնացին:

XV. Vstam comes to Asorestan to kill Xosrov and take the kingdom. His death from the treachery of Pariovk, king of the Kushans. The small battle in the land of Hyrcania.

In that period Vstam subjected to himself two kings of the Kushans, Shawg and Pariovk. He gathered all the troops in the East and went to Asorestan with a large and very powerful army, to kill Xosrov and take his kingdom for himself. [Vstam's] troops were at a distance from him, on the right and left, while the Kushan king Pariovk was [to provide] assistance from behind him. But then the deceitful king of the Kushans got the idea of going before [Vstam] with a few men, where he dismounted the horse and bowed to the ground seven times. Motioning him forward, Vstam ordered him to mount again. [But Pariovk] had placed an ambush for him on the road. Pariovk said: "Order the multitude to leave you, for I would have secret words with the king." [However], not sensing [Pariovk's] treachery, [Vstam] ordered the people to depart. As [the two of them] were going along the way, talking, suddenly the ambushers sprung out of their place of concealment, and attacked and killed Vstam. Pariovk had stipulated the time with his troops, and he now quickly notified them. [The troops] came up and captured Vstam's wife, all his bags and baggage, and then turned quickly and departed.

VOLUME I

Անազան ուրեմն եւ ապա յետ աւուրց ինչ անցելոց ազդ լինէր ամենայն զաւրացն. եւ նոքա լքեալ քակտեցան ի միմեանց, եւ մեկնեալ գնացին յիւրաքանչիւր ի տեղիս: Գնացին նոյնպէս եւ զաւրն Գեղումն որ ընդ նմա, եկեալ հասեալ փութանակի յամուրս աշխարհին իւրեանց, եւ արքն այն հայաստանեայք, որ ապստամբեալ էին ի Սպահան եւ գնացեալք առ Վստամ՝ ընդ նոսա: Իբրեւ գնացին նոքա յերկիրն որ կոչի Կոմշ, որ կայ անդրէն ի թիկանց Վրկանի, յայնմ կողմանէ սարոյն, որ անցանէ ընդ մէջ նոցա, եւ հասին ի գեւղն, որ կոչին Խեկեւանդ:

Ընդդէմ ելանէր նոցա Շահր Վահրիճ, եւ Սմբատ Գուրկան մարզպան հանդերձ բազմաւ: Եւ զաւրք Գեղումք ոչ աւելի քան զերկուս հազարս: Եւ պատերազմ ի վերայ երկրին այնորիկ: Հարին զզաւրն Պարսից, եւ փախստական արարեալ հալածական տանէին. զբազումս սպանեալ եւ զբազումս ձերբակալ արարեալ դարձան անդրէն եւ բանակեցան մաւտ ի տեղի պատերազմին եւ արքն այն հայաստանեայք ընդ նոսա: Մեռան բազումք եւ ի զաւրացն եւ ի հայաստանեայցն, որ ընդ մարզպանին Սմբատայ:

After some days had passed, all of the troops were informed, and they split away from each other, being as it were, abandoned, each one going to his own place. The troops of Geghum which were with [Vstam], similarly, departed and quickly reached the strongholds of their own land. And those Armenian men who had rebelled in Spahan[22] and gone over to Vstam, were among them. They went to the country called Komsh which is on the other side of the mountain which separates it from Hyrcania, and reached the village named Xekewand.

Shahr Vahrich and Smbat, *marzpan* of Gurgan, went against them with many troops. The Geghumk' troops were not more than 2,000 men. There was a battle in that country. They struck at the Iranian troops, put them to flight, killed many, arrested many, then turned back, encamping near the battlefield. Those men from Armenia were with them. Many of the [Iranian] troops and the Armenians who were with *marzpan* Smbat died.

---

22 Or, had rebelled from Smbat.

ԺԶ. Գտանել մասն ի Խաչափայտէն:

Արդ՝ անկեալ ի միտ առն միոջ երազիւր երեք ամսաւք յառաջ քան զլինելն պատերազմին այնորիկ. եւ անուն առն Յովսէփ: «Այր մի, ասէ, սքանչելատեսիլ, եկեալ ասէր ցիս՝ պատերազմ լինի զկնի երից ամսոց, եւ անկանին բազումք ի պատերազմին. բայց դու երթիջի՛ր ի տեղի պատերազմին. եւ նշան լիցի քեզ այս, զի տեսանիցես այր մի անկեալ ի վերայ երեսաց երկրի, եւ մարմին նորա պաղպաջէ ի մէջ ամենայն դիականցն, եւ դու երթեալ որ ինչ գտանիցես առ նմա, առցես ի քեզ: Եւ զգոյշ լեր, ասէ, մի՛ մոռանայցես զշնորհին այն զի նա է սքանչելի»: Եւ յարուցեալ գնաց. եւ իբրեւ հասեալ ի տեղին՝ գտանէ նոյնպէս, որպէս ի տեսլեանն ասացեալ էր, զի մերկացուցեալ էր զնա եւ զամենայն դիակունսն: Եւ ունէր ընդ անձն շագոյր մաշկեղէն ուս ընդ անութ իւր: Ապա կայր մարմին նորա ի մէջ դիականցն. եւ մատուցեալ՝ առ յինքն զշագոյրն. եւ տեսանէր զի կայր ի նմա տուփ մի արծաթեղէն եւ խաչ մի ի մէջ նորա, յորում կայր մասն մեծ ի տէրունեան խաչէն: Կնքէր զինքն նովաւ, եւ առեալ գնայ զհետ ընկերաց իւրոց:

Զուեցին ամենայն զաւրքն ի տեղւոջէն յայնմանէ, եւ երթեալ հասանէին յամուրս աշխարհին իւրեանց: Յայնժամ զՎահրիճն խնդրէր թագաւորն ի տուն, եւ առ Սմբատ առաքէր շնորհակալութիւն մեծ, զի միամտութեամբ մարտուցեալ վանեցաւ, եւ ոչ եթող զտեղին, եւ ապա յետոյ ամենեցուն գնայր եւ նա փախստական:

XVI. Discovery of a fragment of the Cross.

Three months prior to this battle, a vision appeared to a certain man named Yovsep'. He said: "A man with a wondrous appearance came and said to me, 'A battle will occur in three months in which many people will die. Go to the site of the battle, and let this be a sign for you. For you will see a man lying on the ground whose body glitters among all the corpses. Take whatever you find on him, and take care not to forget, for he/it is a miraculous thing.'" [Yovsep'] arose and departed. When he reached the place, he found things as they had been related to him in the vision for [the man] and all the corpses had been stripped, and [the man] had a chestnut-colored fur[23] around his shoulders; his body was among the corpses. [Yovsep'] took the fur and discovered that it contained a silver box with a cross in it fashioned from a large fragment of the Lord's Cross. He made the sign of the Cross over himself with this, took it and went after his comrades.

All the troops left that place and went to the strongholds of their land. Then the king requested that Vahrich go home, and he sent great thanks to Smbat for he fought sincerely and was beaten and did not leave the place. He fled only after everyone else had fled.

---

23 Alternatively, a leather bag.

ԺԷ. Պատերազմ Սմբատայ ընդ թշնամիսն եւ յաղթել. մեծանալ ի պատիւ եւ ի պարգեւս պատուական՝ քան զամենայն մարզպանս. Կարգիլ ի մատռուակնութիւն արքայի՝ որդւոյ Սմբատայ Վարազտիրոց անուն. Շինումն եկեղեցւոյ սրբոյն Գրիգորի. եւ նստիլ կաթողիկոսի:

Եւ եղեւ ի գալ միւս ամի՝ ժողովէին ամենայն գունդքն թշնամեաց, եւ երթեալ բանակէին ի Տապարաստան գաւառի. գումարէ եւ Սմբատ զամենայն զաւրսն իւր եւ ի դիմի հարկանի նոցա պատերազմաւ: Եւ մատնեաց տէր Աստուած զզաւրս թշնամեացն ի ձեռն Սմբատայ, եւ սատակեաց զամենայն սրով սուսերի. եւ ապրեալքն գնացին փախստական ի տեղիս իւրեանց: Իսկ այնք, որ էին ընդ նոսա, խնդրեցին երդումն եւ պայման եւ եկին կացին առաջի Սմբատայ, եւ Յովսէփն այն ընդ նոսա: Ապա ունէր Յովսէփ զգիւտն իւր առաջի նորա եւ պատմէ զտեսիլն, եւ բազում նշանս, զոր արարեալ էր ի մէջ բարբարոսացն, պատմէր: Յայնժամ յարուցեալ Սմբատ ծունր կրկնէր առաջի նորա, եւ առեալ յինքն՝ կնքէր զինքն նովաւ. եւ տայր ի ձեռն Միհրուի ուրումն առն երանելւոյ, զոր եւ կարգեալ էր ի վերայ տանն իւրոյ հաւատարիմ եւ կամակատար, որ ի տանէ Դիմաքսենից, եւ տայր յեկեղեցին զոր ունէին երիցունք դրան նորա:

Յայնժամ առաքէ առ նա թագաւորն հրովարտակ մեծապէս գոհութեամբ, պատուով մեծացուցանէ ի վեր քան զամենայն մարզպանս իւրոյ տէրութեան առնելով, եւ զամենայն անաւթս մատռուակացն առաքէ նմա ոսկի, եւ հանդերձս թագաւորականս, արտախուրակս ոսկեզաւծս եւ զանգապանակ ականբք եւ մարգարտովք կարգեալ. եւ զորդի նորա, որոյ անունն էր Վարազտիրոց, զոր էր սնուցեալ նորա իբրեւ զմի յորդւոց իւրոց եւ էր մեծարու ամենայն դրանն արքունի՝ կարգէր ի մատռուակութեան, պաշտել զգինի անձին արքայի:

XVII. Smbat fights with the enemy and triumphs. He is more honored with estimable gifts and honors than all the other marzpans. Smbat's son, named Varaztirots', is appointed to the office of the king's cupbearer. Construction of the Church of Saint Gregory. Enthronement of the Catholicos.

The next year, all the brigades of the enemy assembled and went to the district of Taparastan. Smbat too massed all his troops and went against them in war. And the lord God betrayed the troops of the enemies into Smbat's hands and killed them all with the sword. Those who survived went as fugitives to their own place. Now those who were with them requested an oath and conditions and came before Smbat. That Yovsep' was among them, and related the vision and the many signs which [God] had worked among the barbarians. Yovsep' had his find with him. Then Smbat arose and kneeled before him, took [the fragment of the Cross], made the sign of the Cross, and then gave it to a certain prominent man named Mihru from the Dimak'sean House whom [Smbat] had put in charge of his House as a loyal man and executor [of his orders]. He gave it to the church which priests kept at his court.

Then the king sent a *hrovartak* expressing great satisfaction [with Smbat], and exalting him with honor, above all of the other *marzpans* in his lordship. He sent him cups of gold, royal clothing, and golden diadems set with precious stones and pearls. [Smbat's] son, whose name was Varaztirots', had been raised [by Xosrov] as though he were one of his own sons, elevated over all at court, and appointed to the office of cup-bearer, serving wine to the king.

Եւ կալաւ Սմբատ զմարզպանութիւն աշխարհին այնորիկ ամս Ը: Յետ այսորիկ հրաման հասանէ կոչել զնա բազում մեծարանաւք ի դուռն արքունի, եւ հրամայէ երթալ տեսանել զերկիր իւր՝ յամի ութ եւ տասներորդի իւրոյ թագաւորութեանն:

Արդ՝ խնդրէ նա հրաման յարքայէն շինել զեկեղեցի սրբոյն Գրիգորի, որ էր ի Դուին քաղաքի: Եւ վասն զի վախճանեալ էր Մովսէս կաթուղիկոսն երանելի, եւ ոչ գոյր վարդապետ ի տեղւոջն յայնմիկ՝ եւ եւս փութացաւ խնդրել յարքայէն հրաման. եւ հասեալ հրաման յերկիր իւր՝ առնէ խնդիր վասն աթոռոյն մեծի, զի կարգեսցեն ի վերայ նորա տեսուչ խնամող եկեղեցւոյն եւ առաջնորդ փրկութեան իւրոյ: Եւ նստուցին զԱբրահամ զՌշտունեաց եպիսկոպոսն յաթոռ հայրապետութեան: Ապա սկսան արկանել հիմն եկեղեցւոյն. ժողովեաց ճարտարապետս քարի, եւ կացոյց ի վերայ նոցա հաւատարիմ գործակալս, եւ հրաման ետ փութանակի հասուցանել ի կատարումն: Եւ գրեալ գիր ամբաստանութեան բերդակալին եւ մարզպանին առ արքայ, եթէ «Կարի մերձ է առ բերդն, եւ վնասակար է ի թշնամւոյ»:

Հրաման հասեալ յարքայէ՝ եթէ «բերդն քակեսցի, եւ եկեղեցին անդրէն ի նմին տեղւոջն շինեսցի»: Ամէն:

Smbat held the *marzpanate* of that land for eight years. Then a command came to summon him with great exaltation to the royal court, and [the king] ordered him to go and see his own country in the 18th year of [Xosrov's] reign.

Now [Smbat] requested a command from the king [permitting him] to build the church of saint Gregory, which was in the city of Dwin. Because the blessed Catholicos Movses had died, and no *vardapet* was there, [Smbat] hurried even more to request the king's order. When the order reached his country, [Smbat] concerned himself with the great [Catholicosal] throne so that they set up an overseer, a caretaker of the church, and a director of its salvation. They seated Abraham, bishop of the Rshtunik' on the patriarchal throne. Then they commenced laying the foundation of the church. [Smbat] assembled architects [skilled in working] stone, appointed trustworthy officials over them, and ordered that the work be brought to a speedy conclusion. The overseer of the fortress and [Armenia's] *marzpan* wrote a complaint to the king, saying: "[The church] is too close to the fortress and [will be] damaged by enemies."

The king's reply arrived, saying: "Pull down the fortress and build the church in that same spot." Amen.

ԺԸ. Կոչի Սմբատ ի դուռն Պարսից, եւ առնու զպատիւ տանուտէրութեան՝ որ կոչի Խոսրով Շում. Հալածէ զՔուշանս. Սպանումն Դատոյեանայ. Դարձեալ ելանէ Սմբատ ընդ նախարարս Հայոց ընդդէմ ազգին Քուշանաց եւ Հեփթաղեայ. Ընքշամարտութիւն ինչ. Յաղթէ Սմբատ եւ երթայ մեծաւ շքով ի դուռն:

Եւ եղեւ՝ յանցանել ձմերայնւոյն, ի գալ գարնայնւոյն ժամանակի՝ հասանէին սուրհանդակքն հրովարտակաւք, եւ կոչէն զնա մեծաւ շքեղութեամբ ի դուռն արքունի: Եւ երթեալ յանդիման լինի թագաւորին ի Մեծ անուանեալ Դաստակերտին եւ ելեալ արտաքս ի դահլիճն, նստի ի բոբ եւ ի Բահղակ:

Յայնժամ տայ նմա արքայ զտանուտէրութիւն՝ որ անուանեալ կոչէր Խոսրով Շում, զարդարէ ի չքնաղս, ի գտակ եւ ի պատմուճան բեհեզեայս յոսկւոյ աւծեալ, մեծացուցանէ ահագին պատուաւք ի ճամբար ականակապ եւ ի գումարտակ, եւ ի գահս արծաթիս. արձակու ի նա զվաճառն փոքր, զդիւան աշխարհին: Տայ նմա զփողսն չորեքձայնեանս եւ պահապանս դրանն նորա ի հետեւակաց արքունի. գումարէ նմա զաւր մեծաւ ահեղութեամբ յարեւելս յերկիրն Քուշանաց. եւ հրամայէ նմա առնել մարզպան՝ զոր ինքն կամեսցի:

Իսկ սորա գնացեալ անտի՝ եկն եհաս ի մերձակայ երկիրն առաջին իւրոյ իշխանութեան՝ Կոմշ, եւ կոչէ առ ինքն ի Վրկանէ զբուն ձեռական զաւրսն իւր զհամաշխարհիկ եւ գնայ ուղղորդ յԱրեւելս:

Եւ այս են իշխանք նախարարացն Հայոց, որ ընդ նմա իւրաքանչիւր գնդաւ եւ դրաւշու.

Վարազշապուհ Արծրունի,
Սարգիս Տայեցի,
Արտաւազդ եւ Վստամ եւ Համայեակ Ապահունի,
Մանուէլ Ապահունեաց տէր,
Վռամ Գողթնեաց տէր,

XVIII. Smbat is summoned to the Iranian court and receives the honor of the tanuterut'iwn [and of being] called Xosrov shum. He persecutes the Kushans. The killing of Datoyean. Once more Smbat and the Armenian naxarars go against Kushans and Hephthalites. A certain wrestling match. Smbat triumphs and goes to the court with great glory.

When winter had passed and spring arrived, messengers came [to Smbat] with *hrovartaks* summoning him to the royal court with great pomp. [Smbat] went before the king at the *dastakert* [estate] called "the great *dastakert*." Leaving the hall, he sat [resided] in Bob and in Bahghak.

Then the king gave him the *tanuterut'iwn* known as Xosrov Shum. He adorned him with gorgeous clothing, in a hat and muslin robes embellished with gold; he exalted [him] with unbelievable honors, a bejeweled camp, troops, and silver thrones, and gave him charge of the lesser *diwan* of the land. He gave him four-toned trumpets and guards for his court selected from the soldiers at court. He assembled under [Smbat] an enormous force in the eastern country of the Kushans; and he ordered [Smbat] to make whomever he wanted the *marzpan*.

Now [Smbat] departed and reached the nearby country of his first rule, Komsh. He summoned the troops of his own countrymen from Hyrcania, and then went directly to the East.

Here are [the names of] the princes of the Armenian *naxarars* who were with [Smbat], each with brigade and banner:

Varazshapuh Artsruni
Sargis Tayets'i
Artawazd, Vstam, and Hmayeak Apahuni
Manuel, lord of the Apahunik'
Vrham, lord of Goght'n

VOLUME I

Սարգիս Դիմաքսեան,
Սարգիս Տրպատունի,
եւ այլք ի նախարարացն:

Եւ զաւրք նորա իբրեւ երկու հազար հեծեալ՝ յաշխարհէն: Ետես զի զաւրքն Քուշանաց ասպատակեալ սփռեալ էին ի վերայ երեսաց ամենայն երկրին. եւ իբրեւ լուան զլուր համբաւոյ նորա՝ ժողովեցան եւ գնացին. եւ սա պնդեալ զհետ նոցա հասեալ՝ փութանակի հասանէր: Իսկ նոքա իբրեւ տեսին զնա զհետ նոցա հասեալ՝ դարձան ընդդէմ ճակատեցան, եւ բաղխեցին զմիմեանս պատերազմաւ. անտի ի փախուստ դարձան զաւրքն Քուշանաց, եւ վանեցան առաջի զաւրացն Խոսրով Շմոյ, բազումք ի նոցանէ մեռան եւ բազումք փախստական գնացին: Եւ նա դարձեալ բանակեցաւ յԱպր Շահր՝ ի Տոս գաւառի. եւ ինքն նստէր երեք հարիւր արամբք ի քաղաքագեւղն որ կոչի Խռոխտ:

Յայնժամ թագաւորքն Քուշանաց խնդրեցին իւրեանց աւգնական ի Մեծէն Խաքանայ արքայէն կողմանցն հիւսիսոյ: Եւ եկն ել ամբոխ Լ բիւրոյ ի թիկունս աւգնականութեան նոցա, անց զգետովն որ կոչի Վեհռոտ, որ ելանէ ի Թուրքաստանէ յերկրէն Եւիղատայ, զԴեռնոս եփեստեայս, զՇամնն եւ զԲրահմնն, եւ հոսի ի Հնդիկս: Եւ բանակեալ ի վերայ գետեզրն՝ ասպատակս սփռեցաւ ընդ արեւմուտս, եւ հասեալ յանկարծաւրէն պատեցին պաշարեցին զգիւքաղաքն, զի ունէր գեւղն պատուար ամրութեան շուրջ զիւրեաւ շուրջանակի:

Sargis Dimak'sean

Sargis Trpatuni

and other *naxarars*.

And he had some 2,000 cavalrymen from the land. [Smbat] saw that the Kushans' forces had spread across the entire country, raiding. But as soon as they heard about his reputation, they assembled and departed. [Smbat] went after them and quickly caught up. Now as soon as they observed that he was upon them, they turned and fought, clashing with each other in battle. The forces of the Kushans took to flight and were routed by the forces of Xosrov Shum. Many of them died, while many fled. Then [Smbat] again camped at Apr Shahr and in the district of Tos. He himself with 300 men stayed in the town called Xrhoxt.

Then the kings of the Kushans requested aid from the great Khaqan, king of the northern parts. A mob of 300,000 came to their aid. [This force] crossed the Vehrhot river which arises from the Ewighat country, T'urk'astan [crossing] *Dionos ep'esteays*[24] Shamn and Bramn and flows to India. [The force] settled on the banks of the river, and spread out, raiding, to the west. Unexpectedly, they reached and besieged the town, for the village had a bulwark of fortification around it.

---

24 Abgaryan has emended this to *yerkre Ewighatay, zGimnosp'esteays*... "the Gymnosophists".

Յայնժամ հրաման տայ Սմբատ երեք հարիւրոց անկանել ի բերդակն, որ ի մէջ գիւղաքաղաքին. եւ ինքն հեծեալ յերիվար երիւք արամբք, որոց էին անուանք այսոքիկ՝ Սարգիս Դիմաքսեան եւ Սարգիս Տրպատունի եւ ոմն մի ի զինակրացն գեղջու հեծեալ, անուն Սմբատիկ. եւ դիմեալ յանկարծաւրէն՝ ի դուռն հասին, հատին զամբոխին զաւրութիւն եւ գնացին: Եւ երեք հարիւրքն անկեալ ընդ բերդակն որ ի մէջ գիւղաքաղաքին՝ դիմեցին ի վերայ զաւրաց նորա: Եւ էր հրամանատար զաւրուն նորա պարսիկ ոմն իշխան՝ անուն Դատոյեան, հրամանաւ արքունի:

Արդ՝ թէպէտ եւ արձակու առ նա Սմբատ որ է Խոսրով Շումն, խոյս տալ ի նոցանէ, նորա ո՛չ կամեցեալ լսել՝ ել ընդդէմ նոցա պատերազմաւ. եւ հարեալ նոցա զզաւրս Պարսից՝ փախստական արարին զԴատոյեան, եւ ինքեանք ասպատակ սփռեալ՝ արշաւեցին մինչեւ ի սահմանս Ռէոյ եւ Ասպահան գաւառի, եւ աւերեալ զերկիրն ամենայն՝ դարձան անդրէն ի բանակն իւրեանց: Եւ հրաման հասեալ ի Մեծէն Խաքանայ առ Ճեմբուխ՝ անցին զգետովն եւ դարձան անդրէն ի տեղի իւրեանց: Ապա հասեալ քննող յարքունուստ Սմբատայ եւ Դատոյենայ, այր ոմն գլխաւոր նախարար, որում անունն էր Շահրապան Բանդական: Իսկ արդարացուցին զաւրն ամենայն մնացեալն զՍմբատ. եւ Դատոյեան տարեալ ի դուռն կապանաւք՝ սպանաւ յարքայէ: Յայնժամ Սմբատ ժողովէ զզաւրն եւ վերստին սպառազինէ, գումարէ եւ այլ զաւրս բազումս յաւգնութիւն իւր, եւ դիմեալ գնայր ի վերայ ազգին Քուշանաց եւ արքային Հեփթաղեայ: Եւ նա անտի մեծաւ կազմութեամբ ընդդէմ ելանէ նորա. եկին հասին ի տեղի մարտին եւ ճակատեցան դէմ յանդիման միմեանց:

Smbat gave an order to the 300 men to fall upon the fortress which was in the town. He himself mounted, taking along the following three men: Sargis Dimak'sean, Sargis Trpatuni, and a certain arms-bearing mounted villager named Smbatik. Suddenly coming upon its entrance, they crushed the might of the mob and departed. The 300 men who were about the fortress in the town went against [his] troops. And the commander of his troops was a certain Iranian prince named Datoyean, by the king's order.

Now despite the fact that Smbat (who is Xosrov Shumn) sent to him, telling him to evade them, [Datoyean] did not want to listen; rather, he went against them in battle. They struck at the Iranian troops, putting Datoyean to flight, and then spread out, raiding as far as the borders of Rey and the district of Aspahan. After devastating the entire country, they turned back to their army; and a command came from the great Khaqan to Chembux to recross the river and to return home. Now a certain principal *naxarar* named Shahrapan Bandakan arrived from the court to investigate Smbat and Datoyean. All the surviving troops vindicated Smbat; but Datoyean was taken in shackles to the court and was killed by the king. Then Smbat assembled troops and again armed [them] and called up many other troops to aid him, after which he went against the Kushan people and the king of the Hephthalites. [The latter] with great preparation arose and went against him. They reached the place of battle and massed against each other.

Արդ՝ պատգամ յղէ առ Սմբատ արքայն Քուշանաց եւ ասէ. «Զի՞նչ ազգուտ է այսպէս խառնամբոխ մտանել ի պատերազմ՝ սպառել զաւրս մեր: Եւ կամ ի՞ւ ծանիցի իմ եւ քո քաջութիւնդ: Բայց ե՛կ, ես եւ դու միայն մարտիցուք, ելեալ ես աստի ախոյեան, եւ դու՝ այտի. զի այսաւր ծանիցի քեզ քաջութիւն իմ»: Իսկ նորա ձեռն յանձին հարեալ՝ ասէ. «Ահաւասիկ պատրաստ եմ ի մեռանել»: Եւ յարձակեալք աստի եւ անտի մեծաւ տագնապաւ ի միմեանս հասանէին. եւ ի մէջ երկուց ճակատուցն մարտ եղեալ ընդ միմեանս կռուէին. եւ ոչ կարէին վաղվաղակի զմիմեանս յաղթահարել, զի արք սկայազաւրք էին երկոքինն եւ կուռ սպառազինեալք: Ապա ի վերուստ իմն հասեալ աւգնութիւն՝ պատառի վերտեւամնուտ բահիլիկ եւ կուռ զրահին ամրութիւն արքային Քուշանաց ի նիզակէն Սմբատայ. զի հարեալ զնա զաւրութեամբ դիաթաւալ յերկիր կործանէր: Եւ զաւրքն նորա իբրեւ տեսին զարքայն իւրեանց՝ զարհուրեցան եւ դարձան գնացին փախստական. եւ սոքա զհետ արշաւեալ հասին ասպատակաւ մինչեւ ի Բահլ շահաստան Քուշանաց, եւ աւար հարեալ զերկիրն ամենայն, զՀարեւ, զՎատագէս, զՏոխորոստայն ամենայն եւ զՏաղական. առնոյր եւ զբերդս բազումս եւ զնոյնս քանդեալ աւերէր, եւ դառնայր յաղթութեամբ մեծաւ եւ բազում աւարաւ, եւ երթեալ բանակէր ի Մարգ եւ ի Մարգռոտ գաւառի:

Յայնժամ հրեշտակք աւետաւորք փութով հասանէին առ արքայն Խոսրով, լիով զեղեալսն պատմէին քաջութիւն: Իսկ արքայն Խոսրով զուարճանայր զուարթանայր մեծաւ խնդութեամբ, եւ հրամայէր զարդարել փիղ մի մեծ եւ ածել ի դահլիճն. հրամայէ եւս հանել ի վեր զորդի նորա զՎարազտիրոց, որ անուանեալ կոչէր յարքայէ Ջավիտեան Խոսրով: Եւ հրամայէ զանձս ցանել ամբոխին. եւ գրէր առ նա հրովարտակ մեծապէս գոհութեամբ. եւ կոչէր զնա ի դուռն մեծաւ պատուով եւ շքեղութեամբ:

The king of the Kushans sent a message to Smbat, saying: "What good is it going into battle with such a tumultuous mob, exhausting our forces. How shall our bravery be fathomed? But come, let you and I fight alone and compete, and today my bravery will be revealed to you." And he thumped himself with his hand and said: "Behold I am ready to die." With great speed the two prepared to attack, and approached each other. In the midst of the two armies they battled each other. But they were unable to defeat each other quickly, for both were failing in strength, and heavily armed. But then aid came from On High. Smbat's spear pierced the *vertewamut bahlik* and the security of the Kushan king's armor, and because [Smbat] struck him forcefully, he fell to the ground, dead. As soon as [the Kushan king's] forces saw [what had happened to] their king, they were horrified and turned to flight. [Smbat's troops] pursued them, raiding as far as Bahl *shahastan* of the Kushans, looting the entire country: Harew, Vaghages, all Toxorostayn and Taghakan. They also took numerous fortresses which they pulled down, and then returned in great triumph, with much booty. They went and encamped in Marg and in the district of Margrhot.

Messengers bearing the glad tidings quickly reached king Xosrov relating in full the bravery [displayed by Smbat]. King Xosrov rejoiced with exceeding delight. He ordered that a huge elephant be adorned and brought to the chamber. He commanded that [Smbat's son] Varaztirots' (who was called Javitean Xosrov by the king), be seated atop [the elephant]. And he ordered treasures scattered on the crowd. He wrote [to Smbat] a *hrovartak* [expressing] great satisfaction and summoned him to court with great honor and pomp.

ԺԹ. Մեռանիլ Սմբատայ խաղաղութեամբ. ապստամբիլ նախարարացն Հայոց ի Պարսից եւ երթալ ի ծառայութիւն Խաքանայ արքային Հիւսիսոյ:

Եւ եղեւ իբրեւ մերձեցաւ ալթիւ միով ի դուռն արքունի՝ հրաման տայ արքայ ամենայն նախարարացն եւ զաւրաց իւրոց ելանել ընդ առաջ նորա, եւ աւժանդակացն հրամայէ նժոյգ տանել ընդ առաջ նորա յախոռէ արքունի՝ արքունական կազմուածով. եւ երթեալ մեծաւ շքով եւ փառաւք յանդիման եղեւ թագաւորին:

Իսկ նորա տեսեալ խնդութեամբ ընկալաւ զնա, եւ ձգեաց առ նա զձեռն իւր. եւ նորա համբուրեալ զձեռն նորա՝ անկաւ ի վերայ երեսաց իւրոց: Յայնժամ ասէ ցնա արքայ. «Միամտութեամբ վաստակեցար, եւ մեք աւելի զոհ եմք զքէն. եւ արդ՝ յայսմհետէ աւելի մի՛ լինի աշխատ ելանել ի պատերազմն, այլ կա՛ց աստէն մերձակայ, ա՛ռ, կե՛ր եւ ա՛րբ, եւ ուրախութեան մերում պարապեա՛»: Եւ էր նա երրորդ նախարար ի տաճարի թագաւորութեանն Խոսրովայ արքայի, եւ կացեալ ժամանակս սակաւ՝ վախճանեցաւ յամի ԻԸ երրորդի թագաւորութեանն նորա: Իսկ զմարմին նորա մեռեալ՝ տարան ի Հայաստան երկիր ի բնիկ հանգստարանսն, եւ եդին ի տապանի ի գիւղն Դարիւնս, որ է ի Գոգովիտ գաւառի:

Ապա ապստամբեալ գնացին ի ծառայութիւն Մեծին Խաքանայ արքայի կողմանցն հիւսիսոյ, ի ձեռն ճենաստանն Ճեպետխոյ. ապա գնացեալ յարեւելից յարեւմուտս ընդ կողմանս հիւսիսոյ՝ խառնել ընդ զաւրացն Ճեպետխոյն այնորիկ հրամանաւ թագաւորին իւրեանց Խաքանայ: Եւ ելեալ ընդ Պահականն Ճորայ զաւրաւք բազմութեան՝ գնացին յաւգնականութիւն թագաւորին Յունաց:

XIX. Smbat dies peacefully. The Armenian *naxarars* rebel from the Iranians and go to serve the king of the north, the Khaqan.

When [Smbat] was about one day's journey from the royal court, the king commanded all the *naxarars* and his forces to go before him. He ordered his aides to take before [Smbat] a steed from the court stable decked out in royal trappings. [Smbat] went into the king's presence with great splendor and glory.

Now when [the king] saw him, he received him with joy, extending his hand which [Smbat] kissed, prostrating himself. Then the king said to him: "You served loyally, and we are even more satisfied with you. From now on, do not tire yourself by going to battle. Rather, stay close by. Take, eat, and drink, and partake of our joy." [Smbat] was the third *naxarar* in the palace of king Xosrov. But after a short while [Smbat] died in the 28th year of [Xosrov's] reign [618-19]. His body was taken to the country of Armenia, to his native place of rest, and they placed it in a tomb in the village of Dariwnk' which is in the district of Gogovit.

Then [the *naxarars*] rebelled and went into the service of the king of the northern regions, the great Khaqan, by means of Chepetx of the House of Chen.[25] Then they went from east to west via the northern regions to join with the forces of that Chepetx, by order of their king the Khaqan. Going through the Choray gate with a multitude of troops they went to give aid to the Byzantine emperor.

---

25 The text may be defective here, and the translation of this sentence is tentative. The sentence lacks a subject.

Ի. Ապստամբութիւն Ատատ խոռխոռունւոյ Պատրկի մեծի եւ մահ նորա. սահմանակալքն Պարսից եւ Յունաց:

Իսկ արդ՝ զի՞նչ եւս զԱտատ Խորխոռունւոյ ասացից եւ զմիւսանգամ զապստամբութիւնն: Էր սա պատրիկ մեծ, վասն որոյ հրաման տայ թագաւորն կոչել զնա ի պաղատն, եւ գնացեալ ի նա ելթանասուն արամբք. եւ մեծարեալ շքեղացոյց զնա եւ որ ընդ նմայն ըստ արժանի վայելչական ընդունելութեանն: Ետ նմա անաւթս ոսկիս եւ արծաթիս եւ զանձս բազում յոյժ:

Եւ հրաման ետ երթալ ի Թիրակ առ զաւրս իւր. եւ հրաժարեալ ի թագաւորէն եւ գնաց: Եւ մինչդեռ գնայր ի ճանապարհի՝ արկ նա ի միտս իւր ապստամբել եւ գնալ առ թագաւորն Պարսից: Եւ ստերիւրեալ ի ճանապարհէն՝ գնաց ի ծովեզերն եւ հանդիպեալ նաւի միոջ՝ ասէ նաւորդացն. «Անցուցէ՛ք զիս յայնկոյս, զի ի գործ կարեւոր առաքեալ եմ ես ի թագաւորէն»: Եւ հրապուրեալ զնաւորդսն՝ անցուցին զնա, եւ գնաց փութանակի, ճեպեալ հասանէր ի Հայաստան երկիր: Եւ ոչ ոք վաղագոյն իմացաւ զճանապարհ գնալոյ նորա, մինչեւ բազում աւթեւանաւք մեկնեալ հեռացաւ ի ծովեզերէն: Ապա ուստեմն իրազեկ լինէին գնալոյն. եւ ելեալ ընդդէմ սորա քաղաքաց քաղաքաց զաւրք՝ եւ ոչ կարէին զդէմ նորա ունել, եւ ընդ ութ եւ տասն տեղի արարեալ նորա պատերազմն ի ճանապարհի՝ յաղթող ամենայնի գտանէր, թէպէտ եւ իւր զաւրականն պակասեալ նըւազէր, եւ այնպէս գնացեալ փութանակի հասանէր ի Նախճաւան: Եւ ընկալեալ զնա Պարսիցն ի բերդն ամրանայր: Յայնժամ ժողովէր զամենայն զաւրս իւր ստրատելատն, եւ երթեալ պաշարէր զբերդն շուրջանակի զամէնն:

XX. The rebellion of the great patrician Atat Xorxorhuni, and his death. The Iranian and Byzantine borderlords.

Now what shall I say about another rebellion, that of Atat Xorhxorhuni? He was a great patrician, as a result of which the emperor ordered him summoned to the palace. He went to him accompanied by 70 men. [The emperor] exalted and glorified him and those with him by a fitting and attractive reception, and gave him gold and silver vessels and an extremely large amount of treasure.

[The emperor] ordered him to go to his forces in Thrace. Taking leave of the emperor [Atat] departed. While traveling along the road he had the idea of rebelling and going over to the Iranian king. Departing from the road he went to the seashore where he encountered a boat. He said to the boatsmen: "Take me across to the other side, for I have been sent on important work by the emperor." After cajoling the boatsmen, they took him across. In a great hurry he quickly reached the country of Armenia. No one knew of his route until he was quite a distance from the shore. But then somehow they learned of his departure. Troops from city to city went against him but were unable to resist. En route, [Atat] battled eighteen times and was the victor in every instance. Nonetheless, his forces were depleted. He went in haste and reached Naxchawan. The Iranians received him and he secured himself into the fortress.

VOLUME I

Ազդ լինի արքային Խոսրովու եղեալ իրքն, եւ արձակէ ի վերայ նոցա զՊարսայենպետ հանդերձ զաւրու: Իբրեւ եկն մերձեցաւ զաւրն՝ թողին նորա զքաղաքն եւ գնացին. եւ նորա փութացեալ գնաց առ թագաւորն Պարսից: Իսկ նա սիրով ընկալաւ զնա, մեծացոյց պատուովք, եւ ետ նմա զգանձս, եւ հրամայեաց ռոճիկ յարքունուստ:

Եւ եղեւ զկնի ամի միոյ մեռանել Մաւրկայ, եւ թագաւորել Փոկասայ: Արկ սա ի միտս իւր ապստամբել եւ գնալ առ թագաւորն Յունաց: Սկսաւ պատրաստել երիվարս տաճիկս եւ կազմել սպառազինութիւն, յանկուցանէ յինքն արս արիկայս: Լուր եհաս ի լսելիս արքային բանն, հրաման ետ կապել զնա ոտիւք եւ ձեռաւք, եւ բրաւք սպանանել:

Եւ այս են սահմանակալք տէրութեանն Պարսից յամս հաշտութեան այնորիկ ի Հայաստան երկրի եւ Դուին քաղաք:

Վնդատական, Նիխորական. զսա սպանին զաւրքն Պարսից ի Դուին, եւ ինքեանք ապստամբեալ գնացին ի Գեղումս:

Ապա Մերկուտ.
ապա Յազդէն.
ապա Բուտմահ.
ապա Յեմանն:

Իսկ ի Յունաց կողմանէ՝

նախ Յովհան Պատրիկ.
ապա Հերակղ.
ապա Սուրէն զաւրավար.
մինչեւ լցան ամք երեքտասանք հաշտութեանն:

King Xosrov was informed about what had happened and sent against [the Byzantines] Parsayenpet with troops. As soon as the force approached, [the Byzantines] left the city and departed. [Atat] quickly went to the Iranian king who received him affectionately, exalting him with honors, giving him treasures, and commanding that he be given a stipend from the court treasury.

One year later Maurice died and Phocas ruled [602-10]. [Atat] planned to rebel and go to the Byzantine emperor. He began to prepare horses and to ready armaments and attract rascals to himself. News of this reached the king's ears. He ordered [Atat] to be bound hand and foot and beaten to death with clubs.

These are [the names of] the border-lords in the country of Armenia and the city of Dwin [in that sector of the country under] the lordship of Iran in the years of that peace:

Vndatakan Nixawrakan. The Iranian troops killed him at Dwin and themselves went as rebels to Geghum.

Merkut
Yazden
Butmah
Yeman

Now in the Byzantine sector [the borderlords were]:

Yovhan the Patrician,
Heraclius
general Suren
until thirteen years of peace had elapsed.

Եւ հրաման ելանէ ի կայսերէ. «Երեսուն հազար հեծ-եալ վզենակալ է, ասէ, իմ ի վերայ աշխարհին Հայոց: Արդ՝ ԼՌ երդաւոր ժողովեցին ինձ անտի եւ նստուցին ի Թի-րակացւոց աշխարհին»: Եւ արձակոյր զՊրիսկոս ի Հայս վասն գործոյն այնորիկ: Մինչդեռ եկեալ հասանէր համբաւն խռովութեան մեծի, եւ Պրիսկոս յարուցեալ գնայր անհնա-րին տագնապաւ:

Then the emperor issued an order [which said]: "Thirty thousand cavalrymen are my levy for the land of Armenia. Let thirty thousand families be assembled for me there and settled in the land of Thrace." He dispatched Priskos to Armenia to see to this matter. But when he arrived, news of a great disturbance reached him, and Priskos arose and departed with incredible haste.

ԻԱ. Սպանումն Մորկայ կայսեր եւ թագաւորել Փոկասայ. ապստամբել Երակղի զաւրավարի Աղէքսանդրիոյ, եւ Ներսիսի զաւրավարի միջագետաց Ասորւոց. պաշարումն Ուռհայի ի Յունաց, եւ պաշարումն Դարա քաղաքի ի Խոսրովայ, եւ գումարել զաւրս ի կողմանս Հայոց եւ առնել նոցա զաւրագլուխ զՋուան իշխանն Վեհ. գալ յՈւրհայ եւ առ յինքն առնուլ զԹէոդոս, եւ դարձեալ անդրէն կործանելն զԴարա. Առնուլ Ուրհայի ի Յունաց եւ սպանումն Ներսիսի զաւրավարի:

Եւ եղեւ յամի չորեքտասաներորդի Խոսրովայ արքայի, ի քաներորդ ամի Մաւրկայ թագաւորութեանն՝ ապստամբեալ ի բաց կացին ի կայսերէ զաւրն Յունաց, որ ի Թրակացւոց կողմանէ, եւ նստուցին իւրեանց թագաւոր զայր ոմն անուն Փոկաս կոչեցեալ: Եւ գնացեալ միաբանութեամբ ի Կոստանդնուպաւլիս՝ սպանին զՄաւրիկ թագաւոր եւ զորդիս նորա, եւ նստուցին զՓոկաս յաթոռ թագաւորութեանն: Եւ գնացին ինքեանք անդէն ի կողմանս Թրակացւոց աշխարհին ի դէմ թշնամեոյն: Եւ էր որդի մի կայսերն Մաւրկայ, անուն նորա Թէոդոս: Լուր համբաւոյն ելեալ տարածանէր ընդ ամենայն երկիր, եթէ զերծաւ Թէոդոս եւ գնաց առ թագաւորն Պարսից: Ապա ոչ սակաւ ինչ խռովութիւն լինէր ի մէջ Հռովմայեցւոց տէրութեանն անդէն ի թագաւորանիստ քաղաքին, եւ յԱղեքսանդր քաղաքի յԵգիպտոս, եւ յԵրուսաղէմ եւ յԱնտիոք, եւ յամենայն կողմանս երկրի առեալ սուր զմիմեանս սատակէին:

Հրաման ետ թագաւորն Փոկաս սատակել զամենայն ապստամբ՝ որ երկմտեալ էին ի նորին թագաւորութենէ: Բազումք սատակեցան անդէն սրով ի թագաւորանիստ քաղաքին: Եւ առաքեալ զԲոնոս ոմն իշխան հանդերձ զաւրու ի վերայ Անտիոքայ եւ յԵրուսաղէմ եւ յամենայն կողմանս աշխարհին. եւ նորա երթեալ եհար զԱնտիոք եւ զԵրուսաղէմ սրով սուսերի, եւ զամենայն իսկ զբազմութիւն քաղաքաց երկրին այնորիկ սպառեաց սրով:

XXI. The killing of emperor Maurice and the reign of Phocas. The rebellion of general Heraclius of Alexandria and general Nerses of Syrian Mesopotamia. Edessa is besieged by the Byzantines and the city of Dara [is besieged] by Xosrov. Troops are mustered from [the Iranian sector of] Armenia and prince Juan Veh is made their commander. He comes to Edessa and takes T'eodos. The destruction of Dara. The Byzantines take Edessa; general Nerses is killed.

In the 14th year of king Xosrov and in the 20th year of Maurice's reign, the Byzantine army which was in Thrace rebelled from the emperor and enthroned as their king a certain man named Phocas. Going together to Constantinople, they killed the emperor Maurice and his son and seated Phocas on the throne of the kingdom. Then they themselves went to the Thracian area to oppose the enemy. Now the emperor Maurice had a son named Theodosius, and a rumor spread throughout the entire country that Theodosius had escaped and gone to the Iranian king. Thus there was no small agitation in the lordship of the Romans, in the capital city, in the city of Alexandria in Egypt, in Jerusalem and Antioch and in all parts of the country, [people] took up the sword and killed one another.

Emperor Phocas ordered all the rebels who wavered [in their loyalty] to his rule to be killed. Many were slain there in the capital. He dispatched a certain prince Bonos with troops against Antioch, Jerusalem, and all parts of the land. He went and struck Antioch and Jerusalem and indeed the entire multitude of cities in that country were consumed by the sword.

Յայնժամ ապստամբեալ ի բաց եկաց ի Փոկասայ Երակլէս զաւրավար զաւրու իւրով, որ էր ի կողմանս Աղեքսանդրի, եւ բռնացեալ ի բաց կալաւ զերկիրն Եգիպտացւոց: Եւ յԱսորւոց կողմանէ ապստամբեալ Ներսէս զաւրավար ի Միջագետս Ասորւոց, եւ հանդերձ զաւրու իւրով մտեալ բռնանայ յՈւրհայ քաղաքի: Եւ եկեալ զաւր ի վերայ նորա՝ պատեալ պաշարեալ պահէին զքաղաքն հանդերձ զաւրու:

Եւ եղեւ՝ իբրեւ լուաւ արքայն Խոսրով զլուր համբաւոյն այնորիկ՝ ժողովեալ գումարեաց զամենայն բազմութիւն զաւրաց իւրոց, եւ գնաց ընդ արեւմուտս, եւ հասեալ ի Դարա քաղաք՝ նստաւ շուրջ զնովաւ եւ պաշարեաց զնա, եւ մարտ եղեալ կռուէր ընդ նմա: Եւ ընդ կողմանս Հայոց գումարեալ զաւրս, եւ զՋուան Վեհ ոմն իշխան մեծ զաւրագլուխ նոցա: Յայնժամ արքայ Խոսրով բաժանէ յերկուս մասունս. զմի մասն եթող անդէն շուրջ զքաղաքաւն, եւ միւսով մասամբն գնաց ինքն ի վերայ զաւրուն, որ պատեալ պաշարեալ պահէին զՈւրհայ: Եւ հասեալ ի վերայ նոցա յանկարծաւրէն ի ծագել առաւաւտուն՝ զոմանս սատակէր սրով, զոմանս փախստական արարեալ, կէսքն ամացեալ ի գետն Եփրատ մեռանէին, եւ կէսքն գնային հալածական: Իսկ արքայն Խոսրով մատուցեալ ի դուռն քաղաքին, զի բացցեն նմա եւ մտցէ ի ներքս. իսկ նոքա բացին զդուռն: Բայց մանուկ մի զարդարեալ թագաւորական հանդերձիւ, եւ եդեալ ի վերայ գլխոյն նորա պսակ, եւ եհան արձակեաց առ նա Ներսէս, ասէ. «Դա է որդի թագաւորին Մաւրկայ, Թէոդոս, եւ արասցես ի վերայ դորա ողորմութիւն, որպէս եւ հայր դորա ի վերայ քո»:

Then the general Heraclius who was in the Alexandria area rebelled from Phocas along with his own troops. He forcibly detached the country of Egypt [from Byzantine control]. In Syrian Mesopotamia general Nerses also rebelled. Together with his troops he entered and took the city of Edessa. [But a Byzantine] force came against him and besieged the city and [Nerses'] troops.

When king Xosrov heard about this, he assembled the entire multitude of his troops, went to the West, reached the city of Dara which he invested and besieged and started battling with. In the regions of Armenia, troops were assembled, a certain great prince, Juan Veh, being their commander. Then king Xosrov divided [his forces] into two parts: one part he left around the city; with the other he himself went against those forces which were besieging Edessa. He came upon them at dawn, unexpectedly. Some were slain by the sword; some took to flight; some (who had gone into the Euphrates river for security) died there; some were pursued. King Xosrov approached the city gate, so that they would open it and so that he might enter. Now Nerses dressed a youth in royal garb, placed a crown on his head and sent him [to Xosrov], saying: "This is Theodosius, emperor Maurice's son. Have mercy upon him, just as his father had mercy on you."

Եւ մեծաւ խնդութեամբ ընկալեալ զնա Խոսրովայ արքայի, դարձաւ անդրէն եւ գնաց ի Դարա քաղաք, եւ ունէր զնա առ իւր թագաւորական պատուով. եւ նստաւ նա շուրջ զԴարայիւ զտարի մի եւ կէս, եւ փորեցին զհիմունս քաղաքին ի ներքոյ պարսպին, եւ կործանեալ զպարիսպն նորա՝ առին զքաղաքն, եւ սուր ի վերայ եդեալ մաշեցին զամենայն արով սուսերի: Եւ առեալ զաւր եւ զաւար քաղաքին, դարձան անդրէն ի Տիզբոն, քանզի էր զաւր նորա աշխատեալ եւ լքեալ ի պատերազմէ քաղաքին: Եւ հասեալ ի վերայ Ուրհայի այլ զաւր ի Յունաց կողմանէ՝ մարտեան ընդ քաղաքին եւ առին զնա. եւ կալեալ զՆերսէս սպանին եւ արիւն հեղին:

King Xosrov received him with great delight, departed, and went to the city of Dara. He kept [Theodosius] with him in royal honor. [Xosrov] besieged Dara for one and a half years. He dug beneath the city walls, demolished the wall, and took the city, putting everyone to the sword. He looted the city, then went to Ctesiphon, since his troops were worn and wasted from battle. But another force from Byzantium came upon Edessa, fought with and took the city. They seized and killed Nerses, and shed blood there.

ԻԲ. Պատերազմ Պարսից ընդ Յունաց ի դաշտն Շիրակ եւ պարտութիւն Յունաց. դարձեալ պատերազմ ի Ծաղկոտան, եւ պարտութիւն Յունաց, եւ անձնատուր լինիլ Թէոդոսի Խորխոռունւոյ եւ տալ զբերդն Պարսից. մահ նորա:

Իսկ Ջուանն Վեհ, զոր արձակեաց ի կողմանս Հայոց հանդերձ զաւրու իւրով՝ երթեալ հասանէ յԱյրարատ գաւառ եւ ի Դուին քաղաք ի ձմերային ժամանակի, եւ դադարեալ հանգուցանէ զզաւրս իւր մինչեւ ի գալ հասանել գարնայնոյ ժամանակի:

Յայնժամ ապա եւ զաւրն Յունաց ժողովեալ գումարեցան ի քաղաքագեւղն Եղեվարդ. եւ հասեալ ի վերայ նոցա զաւրն Պարսից՝ եղեւ պատերազմ ի դաշտին Եղեվարդայ. հարին զզաւրն Պարսից եւ կործանեցին կործանմամբ մեծաւ. եւ սպանին զզաւրավարն ի պատերազմին. եւ զմնացեալսն փախստական արարեալ հալածական տանէին: Եւ առեալ զառ եւ զաւար զբանակին Պարսից՝ դարձան ի բանակետղն իւրեանց, որ կայ ի վերայ գետեզերն, որ կոչի Հոռոմոց մարգ:

Եւ եղեւ ի գալ ամին միւսոյ, մինչդեռ արքայ Խոսրով մարտնչէր ընդ Դարա քաղաքի, գումարեցաւ այլ զաւր Պարսից ի կողմանս Հայոց, եւ Դատոյեան զաւրագլուխ նոցա: Եւ զաւրն Յունաց գումարեցան ի դաշտն Շիրակ եւ ի գեւղն, որ կոչի Շիրակաւան: Եւ անդ զետեղեալ դադարեցան աւուրս ինչ, եւ ինքեանք տագնապեալք յընտանի պատերազմէն եւ զարհուրեալք յարձակմանէ աւտար թշնամւոյն: Եւ զաւրն Պարսից հասեալ ի վերայ նոցա իբրեւ զխոյանալ արծուոյ: Իսկ նոցա թողեալ զտեղի բանակին իւրեանց՝ անցին յայնկոյս գետոյն ի դաշտն, որ կոչի Ականից. եւ զաւրն Պարսից հետամուտ եղեալ հասանէին նոցա: Եւ լինի պատերազմն ի գեւղն որ կոչի Գետիկ: Եւ մինչդեռ սոքա ճակատեալ էին դէմ յանդիման գալ եւ մերձենալ առ միմեանս, իսկ բնակիչք գաւառին, որ էին ժողովեալ ի բերդն Երգինայի, եւ ելեալ անտի բազմութեան մանկտւոյ գերանդեաւք եւ սրհանաւք անկան ի վերջոյ նոցա, եւ գործեցին մեծ աւճիր վնասուց, թողին վիրաւորս, եւ առեալ զառ եւ զաւար եւ զկապուտ՝ գնացին ի բերդն իւրեանց:

XXII. The Iranians and Byzantines battle in the plain of Shirak, and the Byzantines are defeated. Another battle takes place in Tsaghkotn. The Byzantines are defeated, T'eodos Xorxorhuni surrenders, giving the fortress to the Iranians. [T'eodos Xorxorhuni's death].

Now Juan Veh, who had been dispatched to the Armenian area with his troops, reached the city of Dwin in Ayrarat district in wintertime. He stopped there, resting his forces until spring came.

Meanwhile the Byzantine troops were assembled in the town of Eghevard. The Iranian troops came against them and a battle took place in the plain of Eghevard in which [the Byzantines] struck at the Iranians and severely defeated them. The general [Juan Veh] was slain in the fight while the survivors fled, pursued. [The Byzantines] looted the Iranian army and then returned to their camp on the riverbank called Horhomots' [Romans'] meadow.

The next year [in 602/603], while king Xosrov battled with the city of Dara, another Iranian force was assembled in Armenia under the command of Datoyean. The Byzantine army assembled in the plain of Shirak, in the village named Shirakawan. They located there and stayed some days embroiled in internecine strife, terrified of an attack by the foreign enemy. The Iranian troops came upon them, roaring like lions. Now [the Byzantines] abandoned their campsite and crossed the river to the plain called Akank', pursued by the Iranian troops which caught up with them. The battle took place in the village named Getik. As the two sides were approaching each other to fight, the inhabitants of the district had gathered in Ergina fortress. A multitude of youths streamed out of there armed with scythes and swords, and fell on the army's rear causing great slaughter, leaving wounded men, and taking loot and booty, returned to their fortress.

Եւ նոցա բաղխեալ պատերազմաւ՝ փախստական լինէր զաւրն Յունաց առաջի նոցա: Իսկ նոցա զհետ մտեալ կոտորէին զբազումս ի դաշտացն եւ ի ճանապարհացն ցիր եւ թաւալ կացուցանէին: Եւ սակաւք մնացեալք փախստեայս գնացին: Իսկ նոցա առեալ զաւռ եւ զաւարն՝ գնացին ի բանակն իւրեանց: Եւ իբրեւ տեսին զեղեալ չարութիւնն՝ համագունդ արշաւեալ ի բերդն՝ առեալ զնա, զբազումս սրով սատակեցին. եւ բազումք զահավէժ լինէին յահէ անտի. եւ կէսքն ելեալ ընդ դուռնն՝ որ բանայր ի կողմն գետոյն՝ փախստական գնային, եւ զայսն ամենայն ի գերութիւն վարեցին: Եւ գերեցան յաւուր յայնմիկ ի բերդէն յայնմանէ գեւղք ԼԳ: Եւ զամենայն նոյնպէս ի գերութիւն վարեցին, եւ ժողովեալ զամենայն զաւռ եւ զաւար գաւառին. եւ զաւրքն դարձան եւ գնացին յԱտրպատական:

Ապա եկն Սեննիտամ Խոսրով: Եւ զաւրն Յունաց գումարեալ նստան ի Ծաղկոտանն, մերձ ի գեւղն որ կոչի Անգղն, ընդ որ անցանէ գետն Արածանի. եւ ի միւս կողմանէ քակեալ զգեւղն՝ ածին ամրութիւն շուրջ զինքեամբ: Եւ զաւրագլուխ նոցա Թէոդոս Խորխոռունի: Եւ զաւրն Պարսից եկեալ բանակեցան մերձ առ նոսա ի թիկանց կողմանէ. եւ նոքա զարհուրեալ խաւսեցան ընդ նոսա, նախ՝ ի խաղաղութիւն, ասացին ոչ ունել պատերազմ, այլ թողուլ զբերդն եւ երթալ խաղաղութեամբ: Ապա միաբանք եղեալ՝ ոչ հաստատեցաւ բանն, այլ վստահացեալ յամրութիւն իւրեանց կարծէին առնել ինչ: Եւ եղեւ ի վաղիւ անդր դիմեաց գնաց ի վերայ նոցա զաւրն Պարսից: Եւ ոչ ոք արկանէր ի նոցանէն զէն զանձամբ իւրով, եւ կամ թամբէր զերիվար իւր: Եւ թէ ոք զինէր զանձն կամ թամբէր զերիվար՝ հասանէին մանկունք իշխանացն, եւ հանեալ ի բաց ձգէին զզէնն, չարաչար տանջելով զարսն, եւ զգաւտիս երիվարացն սրով հատանէին:

When the two armies met in battle, [the Iranians] put the Byzantine forces to flight before them. Pursuing them, they killed many men, filling the plains and roads with corpses. Very few survivors managed to flee. [The Iranians] took the loot and returned to their army. When they observed the evil that had been wrought, they attacked the fortress in a mob and took it. Many they killed with the sword, many out of fright hurled themselves from the precipice; some fled through the gate which faced the river, while all the rest were taken into slavery. On that day 33 villages around the fortress were similarly enslaved. [When the Iranians] had gathered up all the loot of the district, the troops turned and went to Atrpatakan.

Then Senitam Xosrov arrived. The Byzantine army was settled in Tsaghkotn close to the village called Angegh which the Aratsani river flows through, and on the other side they had pulled apart the village and drawn its fortification around themselves. Their commander was T'eodos Xorhxorhuni. The Iranian troops came and encamped near them, to their rear. At first, terrified, [the Byzantines] spoke of peace with them, recommending that they not fight and instead they would leave them the fortress and depart peacefully. But as they were united, the matter went no further. Rather, confident of their fortification, they thought they might accomplish something. The next morning the Iranian troops went against them. None [of the Byzantines] had armed himself or saddled his horse. If anyone did so, the retainers/children of the princes ran over and disarmed the men, tormenting them severely and slashing the horses' saddles with their swords.

Եւ եկեալ զաւրն Պարսից ճակատեցան մերձ առ նոսա դէմ յանդիման ի դաշտին կողմանէ, եւ ձգեալ բազմութեանն զաւրու աղեղնաւորացն, եւ թափեցին ի նոսա զկապարճս իւրեանց, եւ ծակոտէին նետիւք իւրեանց առ հասարակ զամենայն արս եւ զերիվարս: Եւ ընդոստուցեալ ամենայն երիվարք, որ կապեալ էին առ մուրս առ իւրաքանչիւր դրան խորանաց, ընթադրեալ առաթուր հարկանէին զխորանսն եւ զբանակսն ամենայն: Եւ թշնամնոյն հատեալ զամրութիւնն՝ անկաւ ի բանակն, եւ անհնարին լինէր կոտորածն. եւ նոցա հատեալ զտեղի մի, ոմանք հետեւակք եւ ոմանք հեծեալք յանկումուղի ձի, ելին եւ գնացին փախստական: Եւ Թէոդոս Խորխոռունի անկեալ ի բերդն ամրանայր. եւ նստան նոքա անդէն յայնմ գիշերի ի նոցուն բանակատեղն: Եւ եղեւ ընդ առաւաւտն, պատգամ արձակէին, զի թողցեն զբերդն եւ գնասցեն իւրեանց կարասեաւն եւ ամենայն կազմածովն: Եւ յանձին կալեալ նոցա առնել այնպէս: Եւ յաւուրն երրորդի բացին զդուռն քաղաքին, եւ ելին գնացին ամենեքեան ըստ ասացելումն բանին: Իսկ զԹէոդոսն Խորխոռունի կոչէր զաւրավարն Պարսից եւ ասէր ցնա. «Ո՛չ ունիմ իշխանութիւն արձակել զքեզ առանց արքունի հրամանի, այլ տաց տանել զքեզ ի դուռն, եւ գրեցից վասն քոյ առ արքայ զամենայն բանս բարութեան, եթէ ո՛րպէս միամտութեամբ եւ տիրասիրութեամբ գործեցեր, զի զզաւրս նոցա ի ձեռս մեր այնպէս մատնեցեր, եւ ապա զբերդդ առանց աշխատութեան ո՛րպէս ետուր մեզ, եւ երկիր կամաւք քովք ի ծառայութիւն»: Եւ գրեաց ըստ նմին բանի, եւ ետ տանել զնա ի դուռն: Եւ արքայ Խոսրով սիրով ընկալաւ զնա, եւ կարգեաց նմա ռոճիկս եւ հանդերձագինս յարքունուստ: Բայց յապա ժամանակիս եղեալ կարծիս նենգութեան՝ հրամայեաց սպանանել: Իսկ ի բերդին Անգեղ նստուցեալ բերդակալ, եւ գումարեալ զզաւրս իւր գընաց ինքն ի ներքսագոյն եւ նուաճեաց զերկիրն ի ծառայութիւն:

The Iranian troops came and faced them from the plain area. They released a multitude of bowmen who emptied their quivers shooting at them and piercing all the men and horses with their arrows. The horses, which were tied to mangers at the entrances to the tents, became frightened and trampled on all the tents and army. The enemy broke through the fortification and fell upon the army causing incredible destruction. [The Byzantines] broke through at one spot, some on foot, others mounted on the kicking horses, and fled. T'eodos Xorhxorhuni fortified himself in the fortress, while that evening [the Iranians] settled into [the Byzantines'] campsite. The next morning [the Iranians] dispatched a messenger telling them to quit the fortress and depart with all their baggage and equipment. They agreed to do so. On the third day [the Byzantines] opened the city gates and all departed as had been agreed. But the Iranian commander summoned T'eodos Xorhxorhuni and told him: "I do not have the authority to release you without a royal command. Rather [I must] have you taken to court. I shall write to the king all the good things about you, how you labored so sincerely and loyally to betray [the Byzantine] troops into our hands; how you came into [Iranian] service willingly." And he did write such things and had him taken to court. King Xosrov received [T'eodos] affectionately, arranging a stipend and money for clothing for him from the treasury. Subsequently, however, as there was a suspicion of treachery about him, he ordered him killed. Now the fortress-keeper residing at Angegh fortress assembled his troops and went in person deeper into the countryside which he subjugated.

Եւ եղեւ յետ այնորիկ միւսանգամ պատերազմն ի կողմանս Բասենոյ, եւ եհար զՅոյնն եւ հալածեաց. եւ փախստական արարեալ ընկենոյր յերկիրն իւրեանց: Եւ կալաւ նա քաղաքս՝ զԱնգղ եւ զԳայլատուն, զԵրզինայ, եւ ի Դարային զքաղաքն Ծխնկերտի: Եւ հրաման հասեալ յարքայէն՝ գնաց:

After this there was another battle in the Basen area. [The Iranian commander] struck at and chased the Byzantines who fled back to their own country. He took the cities of Angegh, Gaylatus, Ergina, and the city of Tsxmkert in Dara. Receiving a command from the king, he departed.

ԻԳ. Արձակել Խոսրովայ զաւրու բազմաւ զզաւրագլուխն Ըռազման զԽորեամ յԱսորեստան, եւ զԱշտատ զՅեզտայար ի Հայաստան, ընդ նմա եւ զԹէոդոս կայսր. Հնազանդիլ ամենայն Միջագէտաց Ըռազման Զխոռեմայ. Պատերազմիլ Աշտատայ ընդ Յոյնս եւ հնազանդեցուցանել զԿարնոյ գաւառն. պատերազմ Շահենայ ընդ Յոյնս եւ յաղթել. գաղթել բնակչաց Կարնոյ յԱհմատան Շահաստան, մահ Կաթուղիկոսաց. Առնուլ Կեսարիոյ ի Շահենայ եւ սպանումն Վասակայ Արծրունւոյ:

Յայնժամ արքայ Խոսրով դարձաւ ի Դարայէ եւ հանգոյց զզաւրս իւր վերստին, եւ այլ եւս բազմութիւն զաւրաց ժողովեալ գումարեաց, եւ արձակէր ընդ կողմանս Ասորեստանի զաւր մեծ հզաւր յոյժ, զԽոռեամ, որ Ըռազմանն անուանեալ, զաւրագլուխ նոցա: Եւ հրաման տայր նոցա այսպէս, եթէ «Որք եկեսցեն ի ծառայութիւն՝ սիրով ընկալ, եւ ի խաղաղութեան եւ ի շինութեան պահեսջիր. եւ որ ընդդէմ դարձցին եւ պատերազմեսցին՝ սրով սատակեսցին»: Եւ ընդ կողմանս Հայաստանի արձակէր զԱշտատ զՅեզտայար հանդերձ զաւրու մեծաւ. եւ զԹէոդոս կայսր զանուանեալ որդին Մաւրկայ ընդ նմա գումարէ: Եւ Խոռեամ առեալ զզաւրացն բազմութիւն գնաց ի կողմանս Ասորեստանի, եւ հասեալ ի Միջագետս Ասորւոց, պատեալ պաշարեն զՈւռհայ քաղաք, եւ մարտ եդեալ կռուի ընդ նմա: Իսկ նոքա ի բազմութենէ զաւրացն եւ ի մարտիցն յաղթութենէ եւ զի ոչ ուստեք գոյր նոցա ակնկալութիւն փրկութեան՝ խաւսեցան ի խաղաղութիւն, եւ խնդրեցին երդումն, զի մի կորուսցեն զքաղաքն, եւ բացեալ զդուռն քաղաքին հնազանդեցան ի ծառայութիւն: Նոյնպէս եւ Ամիթ եւ Թելա եւ Ռաշայենայ եւ ամենայն քաղաք Միջագետաց Ասորւոց կամաւք հնազանդեալ ի ծառայութիւն՝ պահեցան ի խաղաղութեան եւ ի շինութեան: Եւ գնացեալ նոցա յԱնտիոք քաղաք՝ հնազանդեցան եւ նոքա կամաւք ի ծառայութիւն հանդերձ ամենայն քաղաքաւք եւ բնակչաւք իւրեանց, փախստականք լեալ ի սրոյն Փոկասայ:

XXIII. Xosrov sends a large force to Asorestan under the command of Erhazman Xorheam, and [another army] to Armenia under Ashtat Yeztayar accompanied by the emperor Theodosius. Erhazman Xorheam subdues all of Mesopotamia. Ashtat wars with the Byzantines and subjugates the district of Karin. Shahen battles with the Byzantines and is victorious. The inhabitants of Karin are deported to Ahmatan shahastan. Death(s) of the catholicoi. Shahen takes Caesarea, and Vasak Artsruni is killed.

King Xosrov left Dara and again released his troops. Once more he called up another multitude of soldiers, dispatching a large and extremely powerful army to the Asorestan area commanded by Xorheam, called Erhazman. [Xosrov] commanded them as follows: "Whomever comes into [my] service, receive with affection and keep in peace and prosperity; but kill with the sword whomever resists and makes war." He sent Ashtat Yeztayar with a large army (including emperor Theodosius, called Maurice's son) to Armenia. Xorheam took a multitude of soldiers and went to Asorestan, reaching Syrian Mesopotamia where he besieged and battled with the city of Edessa. Because of the multitude of the troops and the success of [the Iranian] battles, and because [the besieged] had no hope of salvation from any quarter, [the Edessans] spoke of peace requesting an oath so that [the Iranians] would not ruin the city. They opened the city gates and submitted. Similarly Amida, T'ela, Resaina and all the cities of Syrian Mesopotamia voluntarily submitted and were kept in peace and prosperity. [The Iranian troops then] went to the city of Antioch which also submitted voluntarily together with all the surrounding] cities and their inhabitants, escaping from the sword of Phocas.

Իսկ Աշտատ Յեզտայար եկն ի սահմանս Հայոց յամի ութ եւ տասներորդի թագաւորութեանն: Եւ զաւրն Յունաց գումարեալ ժողովեցան ի գաւառն Բասենոյ, եւ եւս ահագին դիմեալ յարձակեցան ի վերայ նորա. եւ եղեւ պատերազմ մեծ ի Դու եւ յՈրդրու: Հարին զաւրն Յունաց եւ խորտակեցին կործանմամբ մեծաւ: Բազումք մեռան ի պատերազմին, եւ ոչ գոյր թիւ սպանելոցն ի դաշտին: Հալածեաց զնոսա մինչեւ ի քաղաքն Սատաղացւոց, եւ ինքն գումարեալ բանակեցաւ շուրջ զԿարնոյ քաղաքաւ, եւ կալաւ ընդ նմա գործ պատերազմի. ընդդիմացան ի ներքուստ ինչ. եւ ոչ սակաւ լինէր կոտորածն վնասուց յարտաքնոցն: Ապա յառաջ մատուցեալ Թէոդոս կայսրն ասելով, եթէ «Ես եմ, ասէ, թագաւորն ձեր»: Յայնժամ հաւանեալ բանային. ելին գլխաւորքն քաղաքին եւ ընծայեցան նմա, եւ դարձեալ անդրէն հաւանեցուցին զքաղաքն, թէ նոյն ինքն է Թէոդոս, որդին Մաւրկայ: Յայնժամ բացեալ զդուռնն՝ հնազանդեցան ի ծառայութիւն: Եւ կարգեալ ի նալ պահապանս, գնաց եւ կալաւ զքաղաքն Հաշտենից՝ զՁիթառիճ եւ զՍատաղ եւ զԱռաստիայ եւ զՆիկոպալիս եւ գնաց: Ապա եկն Շահէնն Պատգոսապան եւ զանց արարեալ զԿարնոյ քաղաքաւն. եւ յոստանն Դրւնայ եկն մարզպանութեանն Շահրայեանպետ: Իսկ Շահեանն երթեալ հանդիպէր զաւրացն Յունաց ի Կարին գաւառի: Եւ արարեալ պատերազմ՝ հարկանէր զնոսա սրով սուսերի եւ փախստական արարեալ հալածական առնէր յաշխարհէն:

Now Ashtat Yeztayar came to the borders of Armenia in the 18th year of the reign. The Byzantine army was assembled in the district of Basen and again frightfully attacked him. A great battle took place in Du and Ordru. The Byzantine army struck and was defeated with great destruction. Many men died in the battle, and there was no counting the number of corpses on the plain. [Ashtat] pursued them as far as the city of Satala and then he himself encamped around the city of Karin with which he began to fight. [The inhabitants] resisted somewhat from within causing no small casualties to those outside. But then the emperor Theodosius came forward and said [to the inhabitants]: "I am your king," whereupon they consented and opened [the gates]. The principal men of the city emerged and were presented to him, then returned to the city and convinced them that he was indeed Maurice's son, Theodosius. After this [the inhabitants] opened the gates and submitted. [Ashtat] set up guards there and then went and captured the city of Hashteank', Dzit'arhich, and Satala, Arhistia and Nicopolis, and then departed. Then Shahen the Patgosapan arrived, passed by the city of Karin, and Shahrayeanapet came to Dwin, *ostan* of the *marzpanate*. Now Shahen went and encountered the Byzantine troops in the district of Karin. Engaging in battle, he struck them with the sword, putting them to flight and chasing them from the land.

Իսկ յամին քսաներորդի առաջներորդի արքային Խոսրովայ հրաման ետ նմա՝ փոխել զբնակիչս ի Կարնոյ քաղաքէ եւ տանել բնակեցուցանել յԱհմատեան շահաստանի. ընդ նոսին ըմբռնեալ եւ երանելի ծերունի կաթուղիկոսն Յովհան ի գերութիւն վարեցաւ հանդերձ ամենայն սպասիւք եկեղեցւոյն: Եւ անդէն վախճանեալ բերաւ մարմին նորա ի գիւղն Աւան, յեկեղեցին, զոր ինքն շինեաց: Եւ ի նմին ամի վախճանեցաւ երանելին Աբրահամ կաթողիկոսն: Եւ յետ սորա յաջորդէ զաթոռ հայրապետութեանն Կոմիտաս Տարոնոյ եպիսկոպոսն, որ ի գեղջէ Աղցիցն աւանէ, եւ առ սովաւ կատարի շինուած եկեղեցւոյն սրբոյն Գրիգորի:

Եւ յամին քսաներորդի Խոսրովայ արքայի ասպատակ արարեալ Շահենայ՝ արշաւեաց ի կողմանս արեւմըտից եւ գնացեալ ի Կեսարիա Կապադովկացւոց. իսկ բնակիչք քաղաքին քրիստոնեայք ելին ի քաղաքէն եւ գնացին. բայց Հրէայքն ընդ առաջ երթեալ հնազանդեցան ի ծառայութիւն. եւ նստաւ նա ի քաղաքին յայնմիկ զտարի մի: Կալան զՎասակն Արծրունի զորդի Սահակայ նահապետին Արծրունեաց, եւ սպանին զնա հանդէպ դրանն քաղաքին ի վերայ փայտի. որ թէպէտ եւ բազում աւճիրս վնասուց գործեալ էր նորա ի զաւրուն Պարսից, սակայն ամենայն զաւրն Պարսից ողբայր զնա վասն քաջութեան եւ արիութեան, եւ մանուկ ուժեղ եւ բարձրահասակ: Մանաւանդ զի սնեալ եւս էր ի մէջ նոցա, եւ վարժեալ եւս էր ի նոցանէն հրահանգաւ. այսպէս եւ սա:

Now in the 21st year of his reign [A.D. 611] king Xosrov ordered [Shahen] to move the inhabitants of the city of Karin and settle them in Ahmatean *shahastan*. The venerable aged Catholicos was among those led into captivity, together with all the Church vessels. He died there. His body was brought [back to Armenia] to the village of Awan and the church which he himself had built. That same year the venerable Catholicos Abraham died. He was succeeded on the patriarchal throne by Kumitas, bishop of Taron who was from the village of Aghts' *awan*. During his tenure the construction of the church of saint Gregory was completed.

In the 20th year of king Xosrov [610], Shahen raided through the western areas, going to Cappadocian Caesarea. Now while the Christian inhabitants of the city arose and departed, the Jews went before [Shahen] and submitted. He remained in that city for one year. [The Iranians] seized Vasak Artsruni, son of Sahak *nahapet* of the Artsrunids, and crucified him opposite the city gate. Despite the fact that he had wrought much carnage among the Iranian troops, nonetheless, all the Iranian troops mourned him because of his bravery and manliness and because he was a powerful and tall youth. [They mourned] especially because he had been nourished and trained among them. That is what became of him.

ԻԴ. Դիմելն Հերակլի յԱսորեստան ընդդէմ Պարից. պատերազմ մեծ առ Անտիոք քաղաքաւ. պարտութիւն Յունաց. հնազանդութիւն երկրին Պաղեստինու Պարսից. նատիլ յԵրուսաղէմ Պարսիկ ոստիկանի եւ սպանումն նորա. կոտորած մեծ յԵրուսաղէմ սրով Պարսից եւ այրիլ. գերութիւն սրբոյ Խաչին:

Եւ եղեւ ի ժամանակին յայնմիկ գումարել զաւրս Երակլի՝ որ ի կողմանս Եգիպտացւոց, յամի քսաներորդի երկրորդի թագաւորութեանն Խոսրովայ, եւ նաւեալք ընդ ծով՝ հասին ի Կոստանդնուպաւլիս, եւ սպանեալ զՓոկաս թագաւոր՝ նստոյց զՀերակղոս զորդի իւր յաթոռ թագաւորութեանն, եւ արար յամենայն երկիրն խաղաղութիւն:

Եւ եղեւ իբրեւ թագաւորեաց Հերակղոս՝ արձակեաց հրեշտակս մեծապէս գանձիւք եւ հրովարտակաւք առ արքայ Խոսրով՝ խնդրել զխաղաղութիւն մեծաւ թախանձանաւք: Որում ոչինչ կամեցաւ լսել արքայ Խոսրով ասելով. «Իմ է թագաւորութիւնն այն, եւ ես զԹէոդոս զորդին Մաւրկայ նստուցի թագաւոր: Եւ նա երթեալ առանց մեր հրամանի թագաւորեաց, եւ զմեր գանձն մեզ ընծայս մատուցանէ. բայց ես ոչ դադարեցից՝ մինչեւ առից զնա ի բուռն իմ»: Եւ առեալ զգանձն՝ հրամայեաց սպանանել զհրեշտակս նորա, եւ բանից նորա ո՛չ արար պատասխանի:

Յայնժամ գումարել Երակլի զզաւրս իւր՝ բանակեցաւ շուրջ զքաղաքաւն եւ արգել զնոսա յարշաւանաց իւրեանց: Եւ գումարեալ զզաւրն ի ձեռն կուրապաղատի ուրումն, հրաման ետ զգուշանալ, եւ ինքն գնաց ի տեղի իւր:

XXIII. Heraclius goes to Asorestan to fight against the Iranians. The great battle near the city of Antioch in which the Byzantines were defeated. The country of Palestine submits to the Iranians. An Iranian ostikan takes up residence in Jerusalem. His murder. The great destruction of Jerusalem by the Iranians by sword and fire. The holy cross is captured.

In that period, in the 22nd year of the reign of Xosrov [612], Heraclius gathered the troops in the area of Egypt, went by sea to Constantinople, killed the emperor Phocas and seated his son Heraclius on the throne of the kingdom, and pacified the entire country.

Now as soon as Heraclius ruled,[26] he dispatched messengers with great treasures and edicts to king Xosrov, requesting peace with great entreaties. King Xosrov, however, did not want to listen. He said: "That kingdom belongs to me, and I shall enthrone Maurice's son, Theodosius, as emperor. [As for Heraclius], he went and took the rule without our order and now offers us our own treasure as gifts. But I shall not stop until I have him in my hands." Taking the treasure, [Xosrov] commanded that his envoys be killed and he did not respond to his message.

Then Heraclius gathered his troops and encamped around the city [of Caesarea], obstructing their expeditions. After assembling troops under the direction of a certain Curator, [Heraclius] ordered [them] to be watchful, and then returned to his own place.

---

26 Heraclius I, 610-41.

VOLUME I

Եւ պաշարեցին զքաղաքն Կեսարացւոց տարի մի, եւ նեղեցաւ զաւրն Պարսից ի կերակրոյ. եւ զի ոչ գոյր խար երիվարացն բազմութեան: Եւ եղեւ իբրեւ հասին յաւուրս ամառնային ջերմութեանն, եւ լցեալ սեռնեցան վայրքն բուսով դալարոյ՝ հրդեհեցին զքաղաքն հուրբ, եւ ելեալ գնացին բռնութեամբ, հարեալ զՅոյնն եւ փախստական արարեալ յետուստ իւրեանց. եւ ինքեանք երթեալ ի սահմանս Հայոց: Եւ ձմերեալ զաւրն Պարսից ի Հայաստան աշխարհին:

Կոչի Շահէն փութանակի ի դուռն թագաւորին Պարսից, եւ հրաման տայ նմա արքայ երթալ անդրէն ընդ արեւմուտս փութանակի: Իսկ նորա առեալ զզաւրս իւր յաւուրս ամարայնոյ գնացեալ հասանէ ի Կարնոյ քաղաք, եւ դիմեալ ի վերայ Մելտինոյ, առնու զնա եւ հնազանդէ ի շառայութիւն: Եւ ինքն գնացեալ միանայր ի զաւրն Խոռեմայ, որ էր ի Պիսիդացւոց կողմանէ եւ յուստանն Դրնայ:

Եկն փոխանակ Շահրայենպետի՝ Պարսեանպետ Պարշընազդատ ապա Նամդար Վշնասպ.ապա Շահրապղական: Սա արար կռիւ մի ի Պարս եւ յաղթեաց. ապա Ըռոճ Վեհան: Սա հետամուտ լեալ զհետ թագաւորին Երակղայ ի Հայս մինչեւ ի սահմանս Ասորեստանի, մինչեւ եղեւ պատերազմ մեծ ի Նինուէ, յորում անկաւ ինքն եւ ամենայն զաւրք իւր:

Իսկ թագաւորն Երակղոս գումարէ զՓիլիպիկոս զոմն երէց ի զաւրավարութիւն: Եւ էր լեալ Փիլիպիկոսս այս փեսայ կայսերն Մաւրկայ, եւ բազում ժամանակաւ արարեալ զաւրավարութիւն՝ գործէր զմարտից յաղթութիւն: Եւ ապա յանկարծաւրէն արկեալ ի միտս իւր անդրէն յաւուրս Մաւրկայ թագաւորութեանն, կտրեալ զհերս գլխոյ իւրոյ եւ զգեցեալ զքահանայութիւն՝ զինուորեցաւ յուխտ եկեղեցւոյ:

They besieged the city of Caesarea for one year and the Iranian troops were placed into straits regarding victuals, nor was there hay for the multitude of horses. When warm summer days arrived and the area became filled with green plants, [the Iranians] set fire to the city and forcibly departed, striking at the Byzantines and pursuing them from behind. The Iranian troops then went to the land of Armenia, where they wintered.

The Iranian king quickly summoned Shahen to court and ordered him to return to the west in haste. Taking his troops in summertime, [Shahen] reached the city of Karin. He went against Melitene, took and subdued it. Then he went and united with the army of Xorheam which was in the Pisidia area and at the *ostan* [royal land] of Dwin.

Parseanpet Parshenazdat came and replaced Shahrayenapet; he was succeeded by Namgar Shonazp,[27] then by Shahrapghan. This latter fought a battle in Pars and was victorious. Then came Chrhoch Vehan.[28] He followed emperor Heraclius through Armenia as far as the borders of Asorestan. The battle occurred at Nineveh, in which he and all of his troops fell.

Now emperor Heraclius summoned a certain priest P'ilipikos to military service. This P'ilipikos was the son-in-law of emperor Maurice and had been in the military for a long time, triumphing in battle. But then, during Maurice's reign, he took it into his head to cut his hair and to wear priestly garb, becoming a soldier in the covenant of the Church.

---

27 Alternatively, Namdar Vshnasp.
28 Alternatively, Erhoch Vehan.

Արդ՝ զսա բռնադատեալ Հերակղի, կարգէ զաւրավար եւ արձակէ ի կողմանս արեւելից զաւրու մեծաւ: Եւ նորա դիմեալ ընդ Կեսարիա Կապադովկացւոց՝ երթեալ հասանէր ի Հայաստան երկիր, ի գաւառ Այրարատայ, եւ բանակի ի դաշտին Վաղարշապատ քաղաքի: Հապճեպ ստիպով ի ձեռն թեթեւընթաց երագոտն սուրհանդակաց հրաման թագաւորին հասաւ. մեծաւ վտանգաւ ստիպէր զզաւրս իւր հասանել զհետ նորա եւ անյիշատակ ի միջոյ ի բաց բառնալ զզաւրն: Եւ նոքա երթեալ մեծաւ ստիպով հասին ի գաւառն Այրարատայ եւ բանակեցան ի վերայ գետեզերն Երասխայ, կամեցեալ առ վաղիւն խմբել զգործ պատերազմին: Ի նմին ժամու ի գիշերին գնացեալ ի վերայ, Փիլի-պպոսի ի Նիգ գաւառի եւ պատեալ զթիկամբք լերինն Արագածոյ՝ երթեալ անցանէ ընդ Շիրակ եւ ընդ Վանանդ մերձ քաղաքաւն Կարնոյ եւ երթեալ հասանէ ի սահմանս իւր:

Իսկ զաւրն Պարսից, քանզի յաւգնեալ էր ի հեռաւոր եւ յայնպէս վտանգաւոր ուղեաց ճանապարհին, քանզի բազումք մեռան ի ճանապարհին ի զաւրացն, եւ բազմաց երիվարք սատակեալ՝ անկանէին հետիոտս, ոչ կարացեալ հապճեպ ստիպով զկնի նոցա լինել հետմուտ: Այլ դադարեալ աւուրս ինչ. ապա գնացեալ հանգստիւ, երթեալ անցանէ ի կողմանս Ասորեստանի: Եւ բանակեցան անդէն ի տեղւոջն, ուր էին զառաջինն եւ լայնեալ յաջ եւ յահեակ իւրեանց՝ լաստեցան եւ կալան զերկիրն ամենայն:

Յայնմ ժամանակի թագաւորեցոյց Հերակղոս զորդի իւր զԿոստանդին, եւ զնա ի ձեռն սրնկղիտոսին, եւ յանձնեալ ամենայն մեծամեծացն պալատոյն՝ հաստատեաց զնա յաթոռ թագաւորութեան իւրոյ: Եւ իւր առեալ յանձն զանուն զաւրավարութեան, հանդերձ եղբարբն իւրով Թէոդոսիւ գումարեալ ժողովեաց զբազմութիւն զաւրացն, եւ անցեալ գնաց յԱսորեստան ի կողմանս Անտիոքացւոց:

Heraclius forcibly made him a general and dispatched him to the East with a large army. Going by way of Cappadocian Caesarea, he reached the Ayrarat district in the country of Armenia and encamped in the plain of the city of Vagharshapat. An urgent order from the [Iranian] king, entrusted to swift, fleet-footed messengers arrived [at the camp of the Iranian general in the vicinity]. With great peril [the general] forced his troops to pursue them and wipe them out without a trace. With great urgency [the Iranian troops] reached the district of Ayrarat and encamped on the bank of the Arax [river] wanting to engage in battle the next day. However, that very night P'ilippos went against them in Nig district, surrounding them from the rear of mount Aragats. [Then] he crossed through Shirak and Vanand close to the city of Karin, and arrived at his own borders.

Now because the Iranian troops were tired from such a long and dangerous journey during which many of the men and horses had died along the way, and since, therefore, [many] were on foot, they were unable to quickly pursue [the Byzantines]. Rather, they stopped for a few days and then proceeded at a relaxed pace passing into Asorestan. They encamped there in the same place they had been previously, expanding both to their right and left. And they ravaged and seized the entire country.

In that period Heraclius enthroned his son Kostandin[29], entrusting him to the Senate and to all the grandees of the palace. He confirmed him on the throne of his kingdom. Together with his brother Theodosius, he assumed the military command, assembled a multitude of troops, and crossed into Asorestan by way of Antioch.

---
29   Constantine III, 613-41.

Եւ եղեւ պատերազմ մեծ ի կողմանս Ասիացւոց եւ բռնացեալ հոսեցաւ արիւն զաւրականացն առ Անտիոք քաղաքաւ: Սաստիկ լինէր խումբ եւ խառնուրդ, եւ անբաւ կոտորածն ի մէջ տարուբերին. եւ յաւգնեալ վանեցան ի մարտին երկոքին կողմանքն: Բայց սակայն զաւրացեալ Պարսիկն՝ փախուցեալ զՅոյնն հալածեաց, եւ ստացաւ հանդերձ քաջութեամբ զյաղթութիւն: Եւ եղեւ միւս եւս այլ պատերազմն մաւտ ի նեղուց մտին ի Կիւլիկեայ. եհար Յոյնն զՊարսիկն ի ճակատուն ԸՌ արանց սպառազինաց: Եւ ինքն դարձեալ փախստական գնաց. եւ զաւրացեալ զաւրն Պարսից՝ անցեալ կալաւ զՏարսաւն քաղաք եւ զամենայն բնակիչս Կիւլիկեցւոց գաւառին:

Յայնժամ ապա ամենայն երկիրն Պաղեստինացւոց կամաւք հնազանդեցան ի ծառայութիւն արքային Պարսից. մանաւանդ մնացորդք ազգին Հեբրայեցւոց, ապստամբեալք ի քրիստոնէից եւ առեալ ի ձեռն զնախանձ հայրենի՝ մեծ աւճիրս վնասուց գործէին ի մէջ բազմութեան հաւատացելոցն: Երթեալ առ նոսա միաւորեցան խառն ի միաբանութիւն: Յայնժամ զաւրն արքային Պարսից նստէր ի Կեսարիա Պաղեստինացւոց, եւ զաւրավարն նոցա անուանեալ Ռազմիոզան, որ է Խոռեամ, խաւսէր ընդ Երուսաղէմի, զի կամաւք հնազանդեսցին ի ծառայութիւն, եւ ի խաղաղութեան եւ ի շինութեան պահեսցին:

Արդ՝ նախ միաբանեալ հնազանդեցան ի ծառայութիւն, եւ մատուցին զաւրավարին եւ իշխանացն պատարագս մեծամեծս, եւ խնդրեալ ոստիկանս արս հաւատարիմս՝ նստուցին առ իւրեանց առ ի պահպանութիւն քաղաքին: Եւ յետ անցանելոյ ամսոց, մինչ միաբանեալ ամենայն ռամիկ կաճառացն մանկունք քաղաքին սպանին զոստիկանս թագաւորին Պարսից եւ ինքեանք ապստամբեալք ի բաց կացին ի ծառայութենէ նորա:

A great battle took place in the area of Asia, and the blood of the generals coursed violently to the city of Antioch. The groupings and clashings were severe and the slaughter was great in the agitation. Both sides were worn and wearied in the fight. However, the Iranians grew stronger and pursued the fleeing Byzantines, receiving the victory, in addition to [the renown of] bravery. Yet another battle took place close to the defile leading to Cilicia. The Byzantines struck the Iranians in a front of 8,000 armed men. And they turned and fled. The Iranians grew stronger, went and took the city of Tarsus and all the inhabitants in the district of Cilicia.

Then the entire country of Palestine willingly submitted to the king of kings. The remnants of the Hebrew people especially rebelled from the Christians and taking in hand their native zeal[30] wrought very damaging slaughters among the multitude of believers. Going [to the Iranians], [the Jews] united with them. At that time, the army of the king of Iran was stationed at Caesarea in Palestine. Their general was named Rhazmiozan (that is, Xorheam). He spoke with [the inhabitants of] Jerusalem so that they submit voluntarily and be kept in peace and prosperity.

Now first [the Jerusalemites] voluntarily submitted, offering the general and the princes very great gifts, and requesting that loyal *ostikans* be stationed with them to preserve the city. However, several months later the entire mob of the city's young braves united and killed the Iranian king's *ostikans*. Then they rebelled from his service.

---

30 The translation is uncertain: *ew arheal i dzerhn znaxandz hayreni*, perhaps "manifesting desire for a/their homeland"].

Յայնժամ եղեւ պատերազմն ի մէջ բնակչացն քաղաքին Երուսաղէմի, հրէին եւ քրիստոնէին. եւ զաւրացեալ բազմութեան քրիստոնէիցն՝ հարին սատակեցին զբազումս ի հրէիցն: Եւ մնացեալքն ի հրէիցն անկեալ ի պարսպացն՝ գնացին ի զաւրն Պարսից: Յայնժամ ժողովեաց Խոռեամ, որ է Ըռազմիոզան, զզաւրս իւր եւ երթեալ բանակեցաւ շուրջ զԵրուսաղէմաւ եւ պաշարեաց զնա. եւ կալաւ ի վերայ նոցա գործ պատերազմի զաւուրս ԺԹ: Եւ փորեալ ի ներքոյ զհիմունս քաղաքին՝ աւերեցին զպարիսպն: Եւ եղեւ յաւուրն ԺԹ երրորդի յամսեանն մարգաց, որ աւր ԻԷ էր ամսոյն, յամի ԻԵ երրորդի թագաւորութեանն Ապրուէզ Խոսրովայ, զկնի տասն աւուր անցելոյ յետ զատկին, առին զաւրքն Պարսից զԵրուսաղէմ, եւ սուր ի գործ արարեալ մինչեւ ցերիս աւուրս՝ սպառեցին զամենայն մարդիկ քաղաքին. եւ նստան ի ներքս քաղաքին ԻԱ աւր. ապա ելեալ բանակեցան արտաքոյ քաղաքին եւ այրեցին զքաղաքն հրով: Եւ համարեցին համար անկելոց դիականացն, եւ եղեւ թիւ սպանելոցն ԺԷ հազար մարդ: Եւ զորս կալան կենդանիք՝ ԼԵ հազար մարդ: Կալան եւ զհայրապետն, որում անուն էր Զաքարիա, եւ զխաչապանն. եւ ի խնդիր անկեալ կենսաբեր խաչին՝ սկսան զնոսա տանջել. եւ զբազումս ի պաշտաւնէից կառափնատեալ սատակէին ի ժամանակին յայնմիկ: Ապա ցուցին զտեղին, ուր ծածկեալ կայր. զոր առեալ վարեցին ի գերութիւն. եւ զարծաթ եւ զոսկի քաղաքին ձուլեալ խաղացուցին ի դուռն թագաւորին: Ապա վասն անկելոց ձերբակալացն հրաման հասեալ ի թագաւորէն՝ առնել ի վերայ նոցա ողորմութիւն, շինել զքաղաքն, եւ զնոսա անդրէն հաստատել յիւրաքանչիւր կարգ: Եւ զհրեայսն հրամայէ հալածական առնել ի քաղաքէն. եւ անդէն վաղվաղակի մեծաւ ստիպով կատարեն զհրամանն արքունի: Եւ կարգեցին երիցապետ զոմն ի վերայ քաղաքին, անուն Մոդեստոս:

SEBEOS' HISTORY

After this a battle took place among the inhabitants of the city of Jerusalem, Jew and Christian. The multitude of the Christians grew stronger, struck at and killed[31] many of the Jews. The remainder of the Jews jumped from the walls, and went to the Iranian army. Then Xorheam (who is Erhamikozan) assembled his troops and went and encamped around Jerusalem and invested it, warring against it for 19 days. Digging beneath the foundations of the city, they destroyed the wall. On the 19th day [of the siege] which was the 27th day of the month of Marg[32] in the 25th year of the reign of Xosrov Apruez, ten days after Easter, the Iranian forces took Jerusalem and putting their swords to work for three days they destroyed [almost] all the people in the city. Stationing themselves inside the city, they burned the place down. The troops were then ordered to count the corpses. The figure reached 57,000. Thirty-five thousand people were taken alive, among whom was a certain patriarch named Zak'aria who was also custodian of the Cross. [The Iranians] sought for the life-bringing Cross and began to torment [the clerics], executing many clerics at that time. Finally [the clerics] pointed out the place where it was hidden. [The Iranians] took it into captivity and also melted all the city's silver and gold, which they took to the court of the king. Now regarding those who had been arrested, an order was issued by the king to have mercy on them, to build a city and to settle them there, establishing each person in his [former] rank/profession. He commanded that the Jews be driven from the city, and the king's order was quickly implemented, with great urgency. They placed a certain archpriest named Modestos over the city.[33]

---

31 The pejorative *satakets'in* is used.
32 The 11th month of the Armenian calandar, corresponding to June.
33 The main portion of chapter 25, which we omit, contains Modestos' letter to the Armenian Catholicos Kumitas, and the latter's response. These letters concern doctrinal matters.

Շինումն տաճարին Հռիփսիմեայ

Եւ եղեւ յամի ԻԸ երորդի թագաւորութեանն Ապրուէզ Խոսրովու՝ քակեաց կաթուղիկոսն Կոմիտաս զմատուռ սրբոյն Հռիփսիմեայ ի Վաղարշապատ քաղաքի, զի կարի ցած եւ մթին էր շինուածն, որ շինեալ էր սրբոյն Սահակայ հայրապետի Հայոց կաթուղիկոսի, որդւոյ սրբոյն Ներսիսի:

Արդ՝ մինչդեռ քակէին զորմն մատրանն՝ երեւեցաւ յանկարծակի լուսաւոր եւ չքնաղագիւտ արքունական մարգարիտն, այսինքն կուսական մարմին սրբոյ տիկնոջն Հռիփսիմէի: Եւ քանզի անդամ անդամ յաւշեցին զնա, յաւշեալ ի միմեանց. եւ կնքեալ մատանեաւ սրբոյն Գրիգորի եւ մատանեաւ երանելւոյն Սահակայ Հայոց կաթուղիկոսի, զոր նա ոչ համարձակեցաւ բանալ: Եւ կնքեալ իւրով եւս մատանեաւ, որ արժանի իսկ էր կնքել զայսպիսի մարգարիտ երից հաւատարմաց երրորդ մատանեաւք:

Ո՜վ մարգարիտ, որ ոչ ծովածին, այլ մարգարիտ, որ ծնեալ ի թագաւորական ազգէ, եւ սնեալ ի գիրկս սրբութեան եւ նուիրեալ Աստուծոյ, որում ցանկացեալ էին տեսանել զքեզ արդարք, եւ խանդակաթ էր ի սէր քոյ երանելին Կոմիտաս:

Չափ հասակի էր երանելւոյն ինն թզաւ եւ չորս մատունս: Եւ դղրդեալ ամենայն կողմն հիւսիսոյ գայր յերկրպագութիւն. եւ բազում ախտաժետաց լինէր բժշկութիւն ամենայն ցաւոց: Շինեաց զեկեղեցին, եւ զերանելին եթող ի բացեայ վասն գիջութեան որմոցն, մինչեւ ցամաքել կրոյն: Ապա ամփոփեցաւ ի կայեանս իւր:

Վերացոյց եւ զփայտայարկս սրբոյ կաթուղիկէին. նորոգեաց եւ զխախուտ. որմոյն. շինեաց զքարայարկսն: Այս եղեւ յամս Յովհաննկան վանաց երիցու սրբոյ կաթուղիկէին:

SEBEOS' HISTORY

The construction of the Church of Hrhip'sime

Now in the 28th year of the reign of Xosrov Apruez [618], *Cathoilcos* Kumitas pulled down the chapel of St. Hrhip'sime in the city of Vagharshapat since it was a very base and gloomy construction, having been built by saint Sahak the patriarch and *Cathoilcos* of Armenia, son of saint Nerses.

It happened that while they were demolishing the chapel wall, unexpectedly a radiant and matchless pearl was uncovered, namely the virgin body of the blessed lady Hrhip'sime. [She had been martyred] by being torn limb from limb. Now since the venerable saint Gregory had sealed [the reliquary] with his ring, as had the venerable Sahak, Catholicos of Armenia, [Kumitas] did not dare to open it. He too sealed it with his own ring, and indeed he was worthy of sealing such a pearl with his ring, [it being the ring] of the third of the three [true] believers.

Which is the pearl that comes not from the sea, but the pearl born from a royal line, nourished in the embrace of holiness and dedicated to God? The righteous long to behold you, and the venerable Kumitas is tenderly in love with you.

The venerable one had a height of nine palms and four fingers. The entire northern area was motivated to come to worship. Many afflicted people received healing for all kinds of pains. [Kumitas] built the church, and left the venerable [Hrhip'sime's reliquary] outdoors until the moisture of the lime in the wall had dried. Then he placed it in its abode.

[Kumitas] also raised the wooden roof of the blessed cathedral, repaired the crumbling wall and built a stone roof. This occurred in the years of Yovhank, priest of the monastery of the blessed cathedral.

APPENDIX

THE PRIMARY HISTORY OF ARMENIA

Ա

Եւ եղեւ ոչ ի կամայական պիտոյից վարժ խուզակի զանստորագրեալ ժամանակ եւ զնախնի քաջացն ձեռնարկելով դրոշմել վիպասանութիւնս, զիմն յիշատակել զառասպելս, եւ ի նոյն շարագրելով ասացից զառ ի յապայսն եղելոյ. եւ ցուցից համառաւտիւք զարդեաց ժամանակացս զաղէտիցս վերաբերութիւն զամս եւ զաւուրս հին թագաւորացն յիշատակելով:

Անդ հայելով ի մատեանս Մարաբայ փիլիսոփայի Մըծուրնացւոյ, զոր եգիտ դրոշմեալ ի վերայ արձանի ի Մծբին քաղաքի, յապարանսն Սանատրուկ արքայի, հանդէպ դըրան արքունական տաճարին, ծածկեալ յաւերածի արքունական կայենիցն:

Քանզի զսիսս տաճարին այնորիկ խնդրեալ ի դուռն արքային Պարսից, եւ բացեալ զաւերածն վասն սեանցն՝ աստ դիպան արձանագրին, դրոշմեալ ի վերայ վիմի զամս եւ զաւուրս հին թագաւորացն Հայոց եւ Պարթեւաց յունարէն դպրութեամբ. զոր իմ գտեալ ի Միջագետս ի նորին աշակերտացն կամեցայ ձեզ զրուցակարգել. քանզի այս ունէր վերնագիրն այսպէս.

> *Ես Ագաթանգեղոս գրիչ գրեցի ի վերայ արձանիս այսորիկ իմով ձեռամբս զամս առաջին թագաւորացն Հայոց, հրամանաւ քաջին Տրդատայ՝ առեալ ի դիւանէ արքունի:*

Զոր փոքր մի եւ ապա յիւրում տեղւոջն տեսցես զպատճէնն:

I

There was no willful desire [for me], a skilled investigator, to undertake to write a composition recalling unrecorded times, the ancient braves and their legends. I shall tell of what happened subsequently and briefly describe the years and days of the old kings, recalling [their] connection to the disasters of the present time.

For that [*i.e.*, the most ancient parts] we [should] look to the writings of the philosopher Mar Abas of Mtsurn, [containing information] which he found written on a monument in the city of Mtsurn at the court of King Sanatruk, opposite the door of the royal palace, covered by the ruins of the royal dwelling.

The columns of the [ruined] palace had been requested by the Persian king's court. Excavating the ruin for the columns, they found an inscription there engraved on rock [listing] the years and days of the old kings of the Armenians and Parthians, in Greek writing. When I discovered [the contents of the inscription] in Mesopotamia from his students, I wanted to describe it to you. It had the following title:

> *I, Agat'angeghos, the scribe, wrote upon this monument with my own hand the years of the first kings of the Armenians, by order of brave Trdat, taking [the information] from the royal diwan.*

You will see the transcription of this shortly and in its [appropriate] place.

Բայց ես նախ առաջին զվէպս յահեղն արքայ եւ յարին այրն սկսայց ասել, նախ զնախնեացն պատմութիւնս, ուստի եղեւ սկիզբն ամենայն երկրի շինուածոյ լրմանց. եւ անտի ի սոյնս պատուաստելոյ յաւդել զզրուցակարգութեան վէպս հսկայազանցն եւ զառասպելս ունայնս անհանճար զաւրացն. զոր ի մեծ երկանցն աշտարակին յղութիւն ծնանելով ցրէր ընդ մեծ անապատ անթիւ, որ ի կայս անլուրս ձայնից անդադար ի վերայ առն ընկերի առնոյր սուրն Տիտան. յորում առաջին թագաւորեաց ի վերայ երկրի։

Եւ Բէլն Տիտանեան ի վեր կարծէր զինքն քան զամենայն ազգս մարդկան, զիւրն ոչ ճանաչելով զբնութիւն, այլ զամենայն ազգս մարդկան ի ծառայութիւն իւր կոչէր։ Ապա յայնմ ժամանակի Հայկն Աբեթածին ոչ կամեցաւ հնազանդել ի ծառայութիւն Բէլայ արքայի. արհամարհեաց զնա աստուած կոչել։ Անդ Բէլ ի վերայ Հայկին յարձակեալ մարտիւ, իսկ Հայկն արի՝ աղեղամբ հալածեաց զնա։

Արդ՝ այս է Հայկն, որ ծնաւ զԱրամենակ զորդի իւր ի Բաբելոն։ Եւ ծնաւ Արամենակ ուստերս եւ դստերս բազումս, յորոց անդրանիկն Արամայիս։ Եւ ծնաւ Արամայիս ուստերս եւ դստերս բազումս, յորոց անդրանիկն Ամասիա։ Եւ ծնաւ Ամասիա ուստերս եւ դստերս բազումս, յորոց անդրանիկն Գեղամ։ Եւ ծնաւ Գեղամ ուստերս եւ դստերս բազումս, յորոց անդրանիկն Հարմայ։ Եւ ծնաւ Հարմայ ուստերս եւ դստերս բազումս, յորոց անդրանիկն Արամ։ Եւ ծնաւ Արամ ուստերս եւ դստերս բազումս, յորոց անդրանիկն Արայն Գեղեցիկն։

PRIMARY HISTORY OF ARMENIA

First I shall begin to describe tales [concerning] the awesome king and brave man, the history of the ancestors from whom the entire country was settled; then, added to these, tales about the giants and vain fables about inept troops which conceived and gave birth to the Tower, and then were dispersed throughout the great, countless uninhabited places where [previously] no voice had penetrated. Titans were ceaselessly putting each other to the sword; [and they were] the first to rule over the world.

Be'l the Titan regarded himself as above all the races of mankind, not recognizing his own nature; rather, he summoned all the races of mankind to his service. Now at that time Hayk, born of Japheth, did not want to submit in service to King Be'l, disdaining to call him a god. So Be'l attacked Hayk in battle, but valiant Hayk harassed him with [his] bow.

This is the Hayk who begat his son Aramenak in Babylon. Aramenak begat numerous sons and daughters, the eldest [son being] Aramayis. Aramayis begat many sons and daughters, the eldest being Amasia. Amasia begat many sons and daughters, the eldest being Gegham. Gegham begat many sons and daughters, the eldest being Harma. Harma begat many sons and daughters, the eldest being Aram. Aram begat many sons and daughters, the eldest being Ara the Handsome.

Արդ՝ այս են անուանք ազգածինն արանց, անդրանկելոցն ի Բաբելոն, գնացելոցն ընդ կողմանս հիւսիսոյ յերկիրն Արարադայ։ Զի չուեաց խաղաց գնաց Հայկն ի Բաբելոնէ կնաւն եւ որդւովքն եւ ամենայն աղխիւն հանդերձ, եւ չոգաւ բնակեցաւ յերկիրն Արարադայ, ի տանն որ ի լեռնոտինն, որ զառաջինն շինեալ էր Զրուանայ՝ հարբն եւ եղբարբքն հանդերձ։

Եւ ապա ետ զնա Հայկն կալուած ժառանգութեան Կադմեայ թոռին իւրում որդւոյն Արամենակայ։ Եւ ինքն չուեաց գնաց անտի եւս ի հիւսիսակողմն եւ չոգաւ բնակեցաւ ի բարձրաւանդ դաշտավայրի միոջ. եւ կոչեցաւ անուն դաշտին այնորիկ Հարք, յանուն Հարցն։

Իսկ երկիրն ըստ նմին պատշաճի կոչեցաւ անուն Հայք, որ են հայազամբք հանդերձ։ Եւ արդ՝ այս Հայկ հզաւր զաւրութեամբ եւ բարի անձամբ եւ կորովի աղեղամբ եւ մարտիկ յոյժ։

Յայնմ ժամանակի թագաւորեաց ի Բաբելոն որսորդ հսկայ Բէլն Տիտանեան, ճոխն չաստուածացեալ, որոյ հըզաւր զաւրութեամբ եւ սաստիկ յոյժ գեղ պարանոցի իւրոյ։ Եւ էր իշխան ամենայն ազգացն, որ սփռեցան ի վերայ երեսաց ամենայն երկրի։ Որոյ արարեալ առ աչաւք կախարդութեամբ հնարս, եւ հրամանս թագաւորականս ամենայն ազգաց. եւ հպարտութեամբ ամ բարտաւանութեան իւրոյ կանգնեաց զպատկերն իւր, եւ ետ երկիր պագանել իբրեւ աստուծոյ, եւ զոհս մատուցանել։

Եւ վաղվաղակի կատարէին ամենայն ազգքն զհրամանս նորա. բայց մի ոմն Հայկ անուն, նահապետ ազգացն, ո՛չ հնազանդեցաւ ի ծառայութիւն նորա. եւ ո՛չ կանգնէր ի տան իւրում զպատկեր նորա, եւ ո՛չ մեծարէր զնա աստուածաւրէն շքով։

Եւ էր անուն նորա Հայկ, ընդ որում ծնաւ արքայի Բէլայ ոխութիւն մեծ։ Եւ զաւրաժողով լինի Բէլ արքայ ի Բաբելոն եւ դիմէ գնայ ի վերայ Հայկայ սպանանել զնա։

PRIMARY HISTORY OF ARMENIA

Now these are the names of the men who gave birth to [the Armenian] race who were born in Babylon and went to the northern areas, to the country of Ararad. For Hayk left Babylon with his wife and sons and all their household. He went and settled in the Ararad country in an estate at the foot of a mountain, which previously had been built by Zruan together with his fathers and brothers.

Hayk gave to his grandson Kadmos, Aramenak's son, [this] property in inheritance. Then [Hayk] himself went farther north and settled in the midst of a highland plain which he named Hark', after the name of the Fathers.

The country was called Hayk', appropriately [named] after him, and the people, Haykids [Armenians]. Now this Hayk was very strong and handsome, and an extremely powerful archer and warrior.

At that time the giant Be'l the Titan ruled as king in Babylon, a hunter and grand false god who was extremely powerful and very handsome. He was ruler over all peoples spread across the face of the entire world and he [accomplished] his royal commands over all peoples with the aid of witchcraft. In his boastful pride, [Be'l] erected images of himself and had the country worship him as a god and offer sacrifices.

All peoples immediately implemented his orders, except for a certain [man] named Hayk, the *nahapet* [patriarch] of peoples who did not submit to his service, did not erect [Be'l's] image in his home and did not glorify him as a god.

This man's name was Hayk, and King Be'l conceived a great grudge against him. King Be'l massed troops in Babylon and went against Hayk to kill him.

Գայ հասանէ յերկիրն Արարադայ ի տունն, որ էր նոցա հայրենի, զոր շինեալն էր ի լեռնոտին. եւ Կադմոս փախստական գնաց ի Հարք առ հայր իւր ազդ առնել նմա. եւ ասէ. «Դիմեալ գայ Բէլ արքայ ի վերայ քո, եւ եկն եհաս մինչ ի տուն անդր. եւ ես կնաւ իմով եւ որդւովք ահաւասիկ գամ փախստական»:

Առնու Հայկն զԱրամենակ եւ զԿադմոս զորդի իւր. եւ զորդիս նոցա եւ զորդիս եւթանեցունց դստերաց իւրոց, արս հսկայս եւ նուազունս թուով:

Եւ ի դիմի հարկանի Հայկն Բէլայ արքայի. եւ ոչ կարաց զդէմ ունել բազմութեան արանց հսկայից սպառազինաց:

Անդ ի դիմի հարկանի Հայկն Բէլայ, եւ կամեցաւ ըմբռնել զնա Բէլ ի բուռն իւր: Խոյս ետ Հայկն յերեսաց նորա, եւ գնայր նա փախստական. եւ Բէլ զհետ նորա երթայր պնդագոյն հանդերձ զինակրաւն իւրով:

Ձտեղի կալաւ Հայկն եւ ասէ ցնա. «Զի՞ պնդեալ գաս զհետ իմ. դարձի՛ր անդրէն ի տեղի քո, զի մի՛ մեռանիցիս այսաւր ի ձեռաց իմոց. քանզի ոչ վրիպի նետ իմ իմիք»: Պատասխանի ետ Բէլ, եւ ասէ. «Վասն այնորիկ, զի մի՛ անկցիս ի ձեռս մանկտւոյ իմոյ եւ մեռանիցիս. այլ ե՛կ ի ձեռս իմ, եւ կեա՛ց ի տան իմում խաղաղութեամբ, ունելով ի գործս զմանկունս ի տան իմոյ զորսականս»:

Պատասխանի ետ նմա Հայկն եւ ասէ. «Շո՛ւն ես դու եւ յերամակէ շանց՝ դու եւ ժողովուրդ քո: Եւ վասն այնորիկ թափեցից իսկ այսաւր ի քեզ զկապարճս իմ»: Եւ արքայն Տիտանեան սպառազինեալ, եւ վստահացեալ ի կուռ սպառազինութիւն անձին իւրոյ:

PRIMARY HISTORY OF ARMENIA

He reached the country of Ararad and the estate which was their patrimony which had been built at the base of the mountain. Kadmos fled to Hark' to inform his father, saying: "King Be'l is coming against you and has reached the estate there, and so I, with my wife and children have come [to you] as fugitives."

Hayk took Aramenak and his son Kadmos as well as their sons and the sons of their seven daughters, gigantic men but few in number.

Hayk went to fight King Be'l but was unable to confront him because of the multitude of [Be'l's] gigantic armored men.

Now when Hayk struck at King Be'l, Be'l wanted to seize him with his own hands, but Hayk evaded him and fled. In hot pursuit, Be'l went after him with his weapons-bearer.

Hayk halted and asked him: "Why do you pursue me? Return to your own place so that you do not die today at my hands, for my arrow will not miss its mark." Then Be'l replied: "[I pursue you in person] so that you do not fall into the hands of my young men and perish. Instead, give yourself up to me and live in my house in peace, looking after the young hunters in my house."

Hayk answered him, saying: "You are a dog and from a pack of dogs, you and your people. Therefore, today I will empty my quiver at you." The Titan King [Be'l] was armored and trusted in the full armoring of his person.

Եւ Հայկն Աբեթայն մերձենայր եւ ունէր ի ձեռին իւրում զաղեղն, որպէս հեծան հզաւր մայրափայտեայ: Եւ Հայկին զտեղի կալեալ պատրաստի ընդդէմ նորա աղեղմամբ: Եւ կանգնէ զկապարճսն ի գետնոյ ընդ ինքեան յաւղ սկայաւրէն կամարին, եւ ընդ գիրկս մտեալ՝ զաւրութեամբ հարկանէ նետիւ զտախտակս երկաթիս, եւ ընդ պղնձի վահանն ի թափ անցուցանէ ընդ մսեղէն արձանն, յերկիր խարսխեալ վտարեալ նետոն. եւ վաղվաղակի յերկիր կործանեալ զաստուածակարծեալ հսկայն. եւ զաւրք նորա փախստական լինէին: Եւ նոքա զհետ մտեալ թափեցին ի նոցանէն երամակս ձիոց եւ ջորեաց եւ ուղտուց:

Եւ Հայկն դարձաւ ի տեղի իւր. եւ չոգաւ կալաւ Հայկն զերկիրն Արարադայ, եւ բնակեցաւ անդրէն ազգաւ իւրով մինչեւ ցայժմ: Եւ ի ժամանակի մահուան իւրոյ ետ զնա կալուած ժառանգութեան Կադմեայ թոռին իւրում, որդւոյ Արամենակայ եղբաւր Հարմայի: Եւ Արամենակայ հրամայեաց երթալ ի հիւսիսակողմն, ուր ինքն իսկ դադարեաց զառաջինն:

Եւ եղեւ յետ մահուանն Հայկայ առ Արամենակ զորդիս իւր եւ զդստերս իւր եւ զարս նոցա, եւ զքորս եւթանեսին եւ զարս նոցա, զուստերս եւ զդստերս նոցա եւ զամենայն աղխ իւր, եւ չոգաւ բնակեցաւ անդէն յառաջնումն գաւառին, զոր կոչեցին յանուն հարց իւրեանց՝ Հարք: Ապա գնայ անտի եւս Արամենակ ի հիւսիսակողմն, եւ երթեալ իջանէ յերկիր մի խորին դաշտավայր, որ կայ ի մէջ բարձրաբերձ լերանց. եւ հատանէ անցանէ ընդ մէջ նորա գետ յորդահոսան. որով անցեալ Արամենակ բնակէ անդ, եւ շինէ զերկիրն կալուած ժառանգութեան իւրոյ՝ զվայրն լեռնակողմն եւ զառապար:

Զկնի Արամենակայ որդի նորա Արամայիս շինէ իւր ի վերայ գետեզրն տուն բնակութեան, եւ անուանէ զանուն նորա ըստ անուան իւրոյ Արամայիր: Եւ որդիքն նորա սկըսան բազմանալ եւ լնուլ զերկիրն: Եւ շինեցին գաւառք:

PRIMARY HISTORY OF ARMENIA

Hayk, [descendant] of Japheth, advanced closer, holding in his hand a bow which was like a branch of a mighty pine tree. Then Hayk took position against [Be'l] with his bow at the ready. He picked up [the] quiver from the ground by him and [putting an arrow] to the gigantic arc of his bow, drew it back to his shoulder and [released the] arrow [which] forcefully penetrated the armor plating, pierced the bronze shield, passed through the pillar of meat and emerged, falling on the ground. The giant, who thought himself to be a god, immediately fell to the ground and his troops fled. Pursuing them, [Hayk and his troops] took herds of horses, mules and camels from them.

Hayk returned to his own place; and he went and took over the country of Ararad and dwelled there with his clan, until now. At the time of his death, he gave his heritable property to his grandson, Katmos, son of Aramenak, brother of Harma. And he ordered Aramenak to go to the northern region where he himself had first dwelled.

After the death of Hayk, Aramenak took his sons and daughters and their husbands, the seven sisters and their husbands, sons, and daughters, with all of their belongings, and went and dwelled there in the first district which they called Hark', after the name of their father, Hayk'. Then Aramenak went farther north, descending onto a deep plain which is between lofty mountains and which is crossed by a fast-moving river. Crossing this, Aramenak settled there and built up the country of his inheritance, a place of mountains and rocks.

After Aramenak, his son, Aramayis, built his residential dwelling over the river banks and called it Aramayir after his own name. Then his sons began to multiply and fill the country. And they built districts.

Մեռաւ եւ Արամայիս, եւ կալաւ զերկիրն որդի նորա Ամասիա: Եւ ապա յետ նորա Գեղամ: Մեռաւ Գեղամ, եւ տիրեաց որդի նորա Հարմայ. ապա որդին Հարմայի Արամ: Ապա որդի նորա Արայն Գեղեցիկ, որով անուն իսկ դաշտին այնորիկ կոչեցաւ յանուն Այրարադ:

Եւ Շամիրամ կինն Ասորւոց արքային Նինոսի քանզի լուաւ վասն գեղեցկութեան նորա՝ եւ կամեցաւ առնել ընդ նմա բարեկամութիւն, որպէս զի կատարեսցէ զկամս նորա պոռնկութեամբ. քանզի ըստ լրոյ համբաւոյ յոյժ տռփեալ էր ի վե՛րայ անձին եւ գեղայ նորա գեղեցկութեանն, զի ո՛չ գտանէր յայնմ ժամանակի նման նորա այր ոք ամենեւին՝ այր պատկերաձոխ: Յղէ առ նա հրեշտակս պատարագաւք եւ կոչէ զնա առ ինքն ի Նինուէ: Իսկ Արայն ո՛չ զպատարագ նորա ընկալաւ եւ ո՛չ յանձն առնու երթալ ի Նինուէ առ Շամիրամ: Ապա առնու զզաւրսն իւր Շամիրամ, եւ գնայ ի վերայ նորա ի Հայս: Գայ հասանէ ի դաշտն Արայի, եւ տայ պատերազմ ընդ Արայի, հարկանէ զզաւրն, եւ սպանանէ զԱրայ ի պատերազմին:

Եւ հրամայէ Շամիրամ տանել զդի նորա ի վերնատունն ապարանից իւրոց, եւ ասէ «Եւ ասացից աստուածոց լեզուլ զվէրս նորա, եւ կենդանասցի»:

Իսկ իբրեւ նեխեցաւ դի նորա ի վերնատանն՝ հրամայեաց գաղտնի ընկենուլ ի վիհ եւ ծածկել: Եւ զարդարէ զմի զոմն ի հոմանեաց իւրոց այր պատշաճող. եւ համբաւ հանէ՝ զԱրայի լեզուլ աստուածոցն եւ յարուցանել: Ունի ի ծածուկ. եւ ոչ ումեք ի ծանաւթից նորա ցուցանէ զնա. եւ այսպէս հանէ համբաւ արալեզաց տիկինն Շամիրամ:

Յայնժամ տիրեաց Շամիրամ ի վերայ երկրին Հայաստանեայց, եւ յայնմհետէ Ասորեստանեայց թագաւորքն տիրեցին մինչեւ ցմեռանելն Սենեքարիմայ. ապա ապստամբեցին յԱսորւոց թագաւորացն ծառայութենէ:

Aramayis, too, died and his son, Amasia, took over his country; and after him was Gegham. Gegham died and his son, Harma, ruled, then Harma's son, Aram [ruled]. [Aram's] son was Ara the Handsome, by whose name that very plain was known, Ayrarad.

Shamiram, the wife of Ninos, the king of the Assyrians, heard about his beauty and wanted to have relations with [Ara] to fulfill her desire with prostitution. [This was] because she was extremely aroused by what she had heard and was inflamed by his person and physical beauty, since there was no other man having his striking good looks anywhere. She sent emissaries with offerings to him, calling him to her at Ninue'. But Ara did not accept her offerings, nor did he agree to go to Shamiram in Ninue'. So Shamiram took her troops and went against Hayk. She came and reached the plain of Ara, and made war with Ara, striking [his] troops and killing him in battle.

Shamiram ordered that his body be taken to the roof of her palace and said: "I will tell the gods to lick his wounds and bring him back to life."

But when his corpse began to decay, she secretly ordered that it be thrown into a pit and covered up. She then adorned one of her lovers, a man who was an appropriate [substitute], and then noised it about that Ara had been licked by the gods and had resurrected. She kept [the double] hidden and did not show him to anyone who knew him. Thus did Queen Shamiram cause the story of the [mythological creatures called] *aralezk'* to be spread about.

Then Shamiram ruled over the country of the Armenians and from that time the kings of Assyria ruled [over Armenia] until the death of Senek'arim, when they rebelled from service to the kings of Assyria.

Եւ տիրէ ի վերայ նոցա Զարեհ որդի որդւոց Արամենակայ, այր զաւրաւոր եւ կորովի աղեղամբ. ապա Արմոգ. ապա Սարհանգ. ապա Շաւաշ. ապա Փառնաւազ:

Սա ծնաւ զԲազամ եւ զԲագարատ. եւ Բագարատ ծնաւ զԲիւրատ, եւ Բիւրատ ծնաւ զԱսպատ: Եւ որդիքն Բագարատայ ժառանգեցին զժառանգութիւնս իւրեանց ի կողմանս արեւմտից, այս ինքն է Անգեղ տուն. վասն զի կոչեցաւ Բագարատ եւ Անգեղ, զոր ի ժամանակին յայնմիկ ազգ բարբարոսացն աստուած կոչեցին:

Այս Փառնաւազ հնազանդեալ Նաբուգոդոնոսորայ արքայի ի Բաբելոն: Եւ ապա յայնմհետէ Բաբելացւոց եւ Մարաց թագաւորքն տիրեցին մինչեւ ցԱղեքսանդր Մակեդոնացի, որ զամենայն տիեզերս հնազանդեցոյց ի ծառայութիւն:

Եւ ծառայեցին Մակեդոնացւոց մինչեւ ցապստամբութիւնն Պարթեւաց ի Մակեդոնացւոց, եւ ցհամբարձումն Արշակունեաց թագաւորութեանն: Քանզի զսոյն ճառէ ժամանակագիրն այդպէս, որպէս առաջիդ կայ:

Ի Դամասկոսէ ասեն գնացեալ զՄարսեակն զընդոծինն Աբրահամու, փախստական լեալ յԻսահակայ, եւ եկեալ բնակեցաւ առ ոտամբ երկուց լերանցն որ հային հանդէպ մեծի դաշտին Արայի, յԱրագած կատար եւ ի Գեղ լեառն:

Եւ անուանէ զլերինս յանուն իւր, որում Ազատն կոչեն լեառն: Եւ լինին նորա երեք որդիք, Փառոխ, նա է Եղիազար, եւ Փառոխտ կոչեն զտեղի բնակութեանն, եւ Փառականն դաշտ որսոց եւ արշաւանաց նոցին, որ խառնին յազգ Արամենակայ:

PRIMARY HISTORY OF ARMENIA

Zareh, son of the sons of Aramenak, ruled over them; he was a powerful man and able with the bow. Then Armog [ruled the Armenians], then Sarhang, then Shawash, followed by P'ar'awaz.

[P'ar'awaz] begat Bagam and Bagarat. And Bagarat begat Biwrat who begat Aspat. The sons of Bagarat had their inheritance in the western parts, namely Angeghtun, for Bagarat was called Angegh which in that period, the nation of barbarians styled god.

This P'ar'awaz was obedient to King Nabugodonosor in Babylon. From that time on, the kings of the Babylonians and the Mark' [Medes] ruled [over the Armenians] until Alexander the Macedonian, who put the entire world into his service.

And [the Armenians] served the Macedonians until the uprising of the Parthians against the Macedonians and the rise of the Arsacid kingship. This is what [the text] before me by the same chronicler narrates.

They say that Abraham's adopted son, Marseak, left Damascus, fleeing from Isaac; and he came and settled by the foot of two mountains which face the great plain of Ara, the peak of Aragats and Gegh mountain.

He named the mountain after himself; thus they call the mountain Azat. [Marseak] had three sons [one of whom was] P'ar'ox, who is Eliazar. They named the place of their habitation P'ar'oxt, and named the plain of their hunts and horse races P'ar'akan; and they mixed with the clan of Aramenak.

Բ

Ապստամբութիւն Պարթեւաց որ եղեւ ի յայս ժամանակի

Եւ եղեւ յետ մահուանն Աղեքսանդրու կայսեր Մակեդոնացւոց ծառայեցին Պարթեւք Մակեդոնացւոց ամս ԿԱ: Քանզի թագաւորեաց Սեղեւկիոս Նիկանովր ի Բաբելոն ամս ԼԲ: Անտիոքս Սոտեր՝ ամս ԺԹ: Անտիոքոս Թէոս՝ ամս Ժ:

Եւ յամի մետասաներորդի Անտիոքայ արքայի ապստամբեալ ի բաց կացին Պարթեւք ի ծառայութենէ Մակեդոնացւոց: Եւ թագաւորեաց Արշակ Մեծ, որդի արքային Թէտալացւոց, ի Բահլ Շահաստանի յերկիրն Քուշանաց, որում ամենայն ազգք արեւելից եւ հիւսիսոյ հնազանդեցան ի ծառայութիւն:

Չուեաց խաղաց գնաց Արշակ արքայն ամենայն զաւրաւքն հանդերձ յարեւելից երթալ ի Բաբելոն, յառաջին թագաւորացն կալուածսն. զի անդ հաստատեսցէ զթագաւորութիւն իւր. եկն եհաս ի Բաբելոն:

Իսկ Անտիոքոս իբրեւ ետես, զի անչափ բազմութեամբ եկեալ հասեալ էր ի վերայ նորա Արշակ արքայն Պարթեւաց, այնուհետեւ ոչ կարացեալ վստահանալ յիւր զաւրացն բազմութիւն ի դիմի հարկանել վիրագին այնմիկ՝ խոյս ետ յերեսաց նորա. փախեաւ եւ գնաց յԱսիաստան: Եւ թագաւորէ ի վերայ Ասիաստանի ամս Ե. եւ ապա մի ըստ միոջէ թագաւորեն Մակեդոնացիքն յԱսիաստան ի ժամանակս ինչ: Եւ Արշակ արքայ հնազանդեցոյց ի ծառայութիւն զԱսորեստանեայս, որ ըստ Անտիոքայ, եւ զԲաբելացիս եւ զՊարսիկս եւ զՄարս, եւ զերկիրն Հայոց մինչեւ ցլեառն մեծ Կապկոհ, եւ ի յեզր ծովուն մեծի Արեւմտից: Թագաւորէ Արշակ ի Բաբելոն ամս բազումս:

II

THE UPRISING OF THE PARTHIANS WHICH TOOK PLACE IN THIS PERIOD

After the death of Alexander, emperor of the Macedonians, the Parthians served the Macedonians for 61 years. For [the following individuals] ruled: Seleucid Nikanovr in Babylon for 32 years, Antiochus Soter, 19 years, and Antiochus Theos for 10 years.

In the eleventh year of King Antiochus, the Parthians rebelled from service to the Macedonians. And Arshak the Great, son of the king of the T'e'talats'ik' ruled in Bahl Shahastan, the country of the Kushans, and all the peoples of the east and north served him.

King Arshak with all his troops went from the east to Babylon, the property of the first kings, so that he could establish his kingship there. He arrived in Babylon.

Now when Antiochus saw that Arshak, king of the Parthians, had come against him with such a multitude, he thereafter was unable to trust in the great numbers of his troops to resist that fierce man, and so he fled from him, going to Asiastan. He ruled over Asiastan for five years. Then, one after the other, for a certain period, Macedonians ruled in Asiastan. King Arshak subjugated Asorestan, which [had been] under Antiochus, as well as the Babylonians, Persians, and Medes and the country of the Armenians as far as the great Mount Kapkoh and as far as the shore of the great Western Sea. Arshak ruled in Babylon for many years.

Եւ եղեւ յամին հարիւր եւ տասներորդի չորրորդի Արշակայ արքայի Պարթեւաց, ի չորրորդում ամի թագաւորութեան Դեմետրեայ ի վերայ Ասիաստանի եւ Ասորւոց, մինչեւ Արշակ արքայ գնաց յարեւելս՝ զաւրաժողով լեալ եւ Դեմետրիոս չոգաւ կալաւ զԲաբելովն:

Իբրեւ ետես Դեմետրիոս, զի այնչափ բազմութեամբ եկն եհաս ի վերայ նորա Արշակ՝ տեղի ետ նմա եւ գնաց մինչեւ ցԱնտիոք. եւ անդ ճակատեցաւ ընդդէմ Արշակայ ի պատերազմ: Եւ եղեւ պատերազմ մեծ առ Անտիոք քաղաքաւ: Հարկանէն եւ սրբաջունջ առնէն զզաւրն Դեմետրեայ. եւ ձերբակալ առնէն զԴեմետրիոս: Կապէ զնա Արշակ արքայ ոտիւք եւ ձեռաւք, եւ առնու գնայ յարեւելս ի Բահլ Շահաստան:

Իբրեւ ետես Անտիոքոս եղբայր Դեմետրեայ, եթէ ըմբռնեցաւ Դեմետրիոս ի ձեռս Արշակայ արքայի՝ ինքն թագաւորէ ի վերայ Ասորւոց եւ Ասիաստանի. զաւրաժողով լինի եւ գնայ ի Բաբելոն, զկնի տասն ամի: Ազդ լինի սորին, եթէ թագաւորեաց Անտիոքոս եղբայր Դեմետրեայ եւ եկն ի Բաբելոն:

Լուծանէ Արշակ զԴեմետրիոս զկնի տասն ամի եւ արձակէ առ եղբայրն, որպէս զի խաւսեսցի ինչ առնել նմա. եւ Դեմետրիոս ոչ գնաց առ եղբայրն իւր ի Բաբելոն, այլ յԱսիաստան անցանէ: Ապա խաղայ գնայ Արշակ ի Բաբելոն երեքտասան բիւրովք:

Յամի հարիւրերորդի քսաներորդի ութերորդի թագաւորութեան իւրոյ իբրեւ մաւտ եղեւ ի Բաբելոն՝ անկանի ի վերայ նորա Անտիոքոս յանկարծակի ի ձմեռն ժամանակի՝ ի նեղ վայրի: Եւ ոչ կարեն զաւրել. սպառեն զզաւրն. զարկանեն եւ ընկենուն զԱնտիոքոս ի խոնարհ եւ սպանանեն. եւ ձերբակալ առնեն զՍելեւկիոս զորդին Անտիոքայ, զոր ունէր, ասէ, արքայ ի դրանն իւրում թագաւորութեան:

In the one hundred fourteenth year of Arshak, king of the Parthians, [which was] in the fourth year of Demetrius' kingship over Asiastan and the Syrians, when King Arshak had gone to the east, Demetrius massed troops and went and captured Babylon.

Demetrios, seeing what a multitude Arshak brought against him, gave way and went as far as Antioch. There he fought a war against Arshak. By the city of Antioch a great battle occurred. [Arshak's troops] struck and destroyed Demetrius' troops and arrested Demetrius. King Arshak bound [Demetrius] hand and foot, took him, and went east to Bahl *shahastan*.

As soon as Demetrius' brother, Antiochus, saw that Demetrius had fallen into King Arshak's hands, he himself ruled over the Syrians and Asiastan. He massed troops and went to Babylon, ten years later. News was brought [to Arshak] that Demetrius' brother, Antiochus, was ruling as king and had come to Babylon.

Arshak freed Demetrius after ten years and dispatched him to his brother to tell him what [Arshak] would do to him. However, Demetrius did not go to his brother in Babylon; rather, he went to Asiastan. Then Arshak went to Babylon with 130,000 [troops].

In the one hundred and twentieth year of his kingship, as [Arshak] neared Babylon, Antiochus fell upon him, suddenly, in summer at a narrow place. [Antiochus'] troops were unable to battle and [Arshak's forces] wiped out [Antiochus'] troops. They struck Antiochus to the ground and killed him. Then they arrested Antiochus' son, Seleucus, whom, he relates, the King had kept at court.

Յայնմ ժամանակի թագաւորեցոյց Արշակ զորդի իւր զԱրշակ Փոքր կոչեցեալ ի վերայ աշխարհիս Հայոց ի Մծբին քաղաքի: Եւ զատուցանէ նմա սահմանս զԱրուաստան առ երկրաւն Տաճկաց եւ առ երկրաւն Ասորւոց, եւ զԿապուտկեայ առ Կիւլիկեաւ, մինչեւ ցեզր ծովուն մեծի Արեւմտից. եւ ցհիւսիսոյ կողմանէ ի լեառն մեծ Կովկաս, որ ձգի ընդ կողմանս արեւելից եւ անցանէ առ սահմանաւն առ ամուր աշխարհաւն Մարաց, եւ հասանէ ի լեառն Զարասպ, եւ անցանէ առ Նոր Շիրակ երկրաւն:

Եւ յուղարկէ զնա ի Մրծանայ ընդ յարեւմուտս զաւրու մեծաւ եւթանասուն հազարաց սպառազինաց. եւ մեծամեծ իշխանաւք նախարարաց հազարաց բիւրաւորաց, որում ոչ ոք կարէր զդէմ ունել պատերազմաւ: Սմա ընդ առաջ ելանէ Բագարատն Փառազեան յորդւոցն Արամենակայ նախարար մեծ հանդերձ զաւրու: Մատուցանէ նմա պատարագ ոսկի եւ արծաթ. եւ զարդարէ զնա ի սնդր եւ ի վակաս. պսակէ զնա ի թագ հայրենի. եւ նստուցանէ զնա ի վերայ ոսկիապատ ականակուռ գահոյիցն. եւ տայ նմա զդուստր իւր ի կնութեան:

Զսա արար Արշակ արքայ ասպետ Հայաստան երկրին, որ էր իշխան եւ հրամանատար, ամենայն թագաւորութեանն հրամանաց գլուխ, եւ հայր արքայի, եւ եղբայր. որում ետ իշխանութիւն տէրութեանն այնորիկ: Նա կոտորեաց զհսկայսն, որ զաւրաժողով եղեն ի վերայ նորա ի Միջագետս Ասորւոց:

Եւ այս են իշխանք Պարթեւաց, որք թագաւորեցինն զկնի Արշակայ հաւր իւրեանց ի Բահլ Շահաստան յերկիրն Քուշանաց: Որդիք չորք ասեն լեալ Արշակայ արքայի Պարթեւաց. զառաջինն ասեն թագաւորեցոյց Թետալացւոց աշխարհին. զերկրորդն ի վերայ Կիլիկեցւոց. զերրորդն ի վերայ Պարթեւաց. զչորրորդն ի Հայաստան աշխարհին:

In that time, Arshak installed his son, called Arshak the Lesser, as king over the land of the Armenians, in the city of Mtsurn. [Arshak] designated the borders [of his son's realm]: Aruastan to the country of the Tachiks and to the country of the Syrians; Cappadocia to Cilicia, to the shore of the great Western Sea; and in the northern areas to the great Kovkas Mountain which extends through the eastern areas and to the borders of the secure land of the Medes, reaching to Zarasp Mountain and crossing through Nor Shirak.

[King Arshak the Great] sent [his son] from Mtsurn to the west with a large force of seventy thousand well-armed men and with countless grandee princes of the *naxarars* [lords] whom no one could resist in warfare. Bagarat P'ar'azean, [a descendant] of the sons of Aramenak, a great lord, came before [Arshak the Lesser] with his troops. He made an offering to him of gold and silver and adorned him in silk and vestments; he crowned him with the ancestral crown and seated him on a throne covered with gold and inlaid with gems, and gave him his daughter as a wife.

King Arshak made him *aspet* of the land of Armenia, prince and commander, chief of the edicts [issued] for the entire realm, as well as father and brother of the king. He gave rule over that lordship [to Bagarat]. He crushed the giants who had massed against him in Syrian Mesopotamia.

Here are [the names of] the princes of the Parthians who ruled after their father, Arshak, in Bahl Shahastan in the country of the Kushans. They say that Arshak, king of the Parthians, had four sons. They say that he installed the first as king in the land of the T'etalats'ik'; the second [was placed] over the Cilicians; the third, over the Parthians; and the fourth over the land of Armenia.

Եւ լինին ամենայն ամք Արշակայ կենաց իւրոց ԾԼ ամ. եւ թագաւորեաց ամս յիսուն եւ վեց: Զկնի նորա թագաւորէ որդի նորա Արշակ ի վերայ Պարթեւաց ի Բահլ Շահաստանի յերկիրն Քուշանաց՝ ամս Հ: Ապա որդի նորա Աշնաշ՝ ամս ԼԲ: Ապա Արշէն՝ ամս ԻԲ: Ապա Արշաւիր՝ ամս ԽԵ: Ապա Արտաշէս՝ ամս ԼԴ: Ապա Դարեհ՝ ամս Լ: Ապա Արշակ՝ ամս ԺԷ: Ապա Արտաշիր՝ ամս ԽՁ: Ապա Պերոզ՝ ամս ԿԴ: Ապա Վաղարշակ՝ ամս Ծ: Ապա Արտաւան՝ ամս ԼՁ: Ապա լինին ամենայն ամք Պարթեւաց տէրութեանն ամք ՇՀԳ:

Եւ այս են թագաւորք Արշակունիք, որք թագաւորեցին Հայաստան երկրի զկնի Արշակայ Մեծի:

Արդ՝ թագաւորէ Արշակն Փոքր կոչեցեալ՝ յամի հարիւրերորդի քսան եւ իններորդի թագաւորութեանն Արշակայ հաւր իւրոյ ի վերայ Հայաստան երկրի ի Մրծուին քաղաքի, եղբարբ իւրով Վաղարշակաւ, զոր թագաւորեցոյց Հայաստան աշխարհիս՝ ամս ԽԲ: Ապա Արշակ՝ ամս ԺԳ: Ապա Արտաշէս՝ ամս ԻԵ: Ապա Արտաւան եւ Արշաւիր՝ ամս ԺԲ: Ապա Արշակ որդի Արշաւրի՝ ամս ԼԷ: Ապա Երուանդ որդի Արշակայ՝ ամս ԻԱ: Ապա Արտաշէս եղբայր նորին՝ ամս ԾԲ: Ապա Տիրան որդի Արտաշեսի՝ ամս ԻԲ: Ապա Տիգրան եղբայր նորին՝ ամս ԽԲ: Ապա Արշամ՝ ամս Ի: Ապա Աբգար որդի Արշամայ՝ ամս ԼԸ: Ապա Սանատրուկ քեռորդի Աբգարու՝ ամս Լ: Ապա Արտաշէս որդի Սանատրկոյ՝ ամս ԽԱ: Ապա Արտաւազդ եւ ապա Տիգրան, որդիք Արտաշիսի՝ ամս ԻԴ: Ապա Վաղարշ որդի Տիգրանայ՝ ամս Ի: Ապա Քաջն Խոսրով որդի Վաղարշու՝ ամս ԽԸ: Ապա Մեծն Տրդատէս որդի Խոսրովայ՝ ամս ԾՁ: Ապա Խոսրով որդի Տրդատայ՝ ամս Թ: Տիրան որդի Խոսրովայ՝ ամս ԽԸ: Արշակ որդի Տիրանայ՝ ամս Լ. Շապուհ արքայ Պարսից՝ ամս ԺԲ: Պապ որդի Արշակայ՝ ամս Է:

PRIMARY HISTORY OF ARMENIA

Arshak lived for one hundred thirty years, reigning for fifty-six years. After him his son, Arshak, ruled over the Parthians in Bahl Shahastan, in the country of the Kushans for seventy years. Then his son, Ashnash, for thirty-two years; then Arshe'n, for twenty-two years. Then Arshawir, for forty-five years; then Artashe's, for thirty-four years. Then Dareh, for thirty years; Arshak, for seventeen years; Artashir, for forty-six years; Peroz, for sixty-four years; Vagharshak, for fifty years; and then Artawan, for thirty-six years. In all, Parthian rule lasted for 553 years.

Here are the [names of] the Arsacids who ruled the country of Armenia after Arshak the Great:

Arshak, styled the Lesser, in the one hundred twenty-ninth year of the reign of his father, Arshak, ruled over the country of Armenia in the city of Mtsurn with his brother, Vagharshak, whom he made king of the land of Armenia for forty-two years. Then Arshak, for thirteen years, then Artashe's, for twenty-five years. Then Artawan and Arshawir, for twelve years. Then Arshak, son of Arshawir, for thirty-seven years, then Arshak's son, Eruand, for twenty-one years. Then Artashe's, his brother, for fifty-two years. Then Tiran, son of Artashe's, for twenty-two years. Then Tigran, his brother, for forty-two years. Then Arsham for twenty years. Then Abgar, son of Arsham, for thirty-eight years. Then Sanatruk, Abgar's sister's son, for thirty years. Then Artashe's, son of Sanatruk, for forty-nine years. Then Artawazd, then Tigran, sons of Artashe's, for twenty-three years. Then Vagharsh, son of Tigran, for twenty years. Then brave [k'aj] Xosrov, son of Vagharsh, for forty-eight years. Then Trdate's the Great, son of Xosrov, for fifty-seven years. Then Xosrov, son of Trdat, for nine years; Tiran, son of Xosrov, for forty-eight years. Then Arshak, son of Tiran, for thirty years. Shapuh, the king of Persia, for twelve years. Then Bab, son of Arshak, for seven years.[a]

---

a Chapter 3—a short "chronological" section, which is a later addition from Movse's Xorenats'i and Step'annos Taronets'i, is not translated here.

Դ

Ծննդաբանութիւն ազգին Մամիկոնէից

...աղրէ զՄամիկոնէիցն սակս ազգաց զնեղութիւնն: Քանզի ոչ են սոքա որդիք ազգածնինն Արամենակայ, այլ են եկեալ ի Ճենաստանէ յամս Արտաւանայ արքայի Պարթեւաց եւ Մեծին Խոսրովու արքայի Հայոց. որպէս լուայ յառնէն մեծէ, որ եկեալ էր հրեշտակութեամբ ի Ճենաց թագաւորէն առ արքայն Խոսրով. յոր իմ հարցեալ ի դրանն արքունի, եթէ «Ազգ մի մեծ ի Հայաստան երկրի կայ, զորմէ ասեն եթէ ի ձերմէ աշխարհէն գնացեալ են»: Եւ նա ասաց ինձ. «Ասեն, ասէ, գուսանք եւ ի մերում աշխարհին յերգս իւրեանց զՄամիկն եւ զԿոնակն, արս երկուս լեալ քաջս եւ գլխաւոր եղբարս հարազատս, որդիք Կառնամայ նախարարին, որ էր երկրորդ ի թագաւորութեանն Ճենաստանի: Որոյ յետ մահուանն առնս այսորիկ, առ զկին սորին թագաւորն նոցին ի կնութիւն: Եւ եղեւ ի նմանէ որդի, որ զկնի մահուան հաւր իւրոյ յաջորդեալ նստաւ յաթոռ հայրենի թագաւորութեանն: Եւ նոքա, երկու եղբարք նորա ի մաւրէ եւ ոչ ի հաւրէ, ապստամբեալ ի բաց կացին ի նմանէ. եւ միաբանեալ ընդ ինքեանս զմասն մի ի նախարարացն եւ ի զաւրացն՝ առնեն ուխտ միաբանութեան: Որոց խորհեալ խորհուրդ չարութեան՝ սպանանել զեղբայրն իւրեանց, զթագաւորն աշխարհին Ճենբակուր, եւ առնուլ զթագաւորութիւն նորա: Եւ զաւրաժողով լինէին Մամիկն եւ Կոնակն ի վերայ նորա ի միում տեղւոջ աշխարհին իւրեանց. եւ բաժանի զաւր աշխարհին յերկուս: Ազդ լինի Ճեմբակուրի. գումարէ եւ նա զզաւրս իւրոյ կողմանն, եւ գնայ ի վերայ նոցա ի պատերազմ:

IV

ORIGIN OF THE MAMIKONEAN CLAN

...from there the Mamikoneans, because of difficulties for [their] clan. For they are not sons of the progenitor, Aramenak; rather, they came from China in the days of Artawan, king of the Persians, and Xosrov the Great, king of the Armenians. Such is what I heard from a great man who came as an emissary from the king of the Chenk' to King Xosrov. At the royal court I asked him: "There is a great clan in the country of Armenia which, they say, were emigrants from your land." And he replied to me: "In their songs, the minstrels of our country mention Mamik and Konak as two brave and prominent blood brothers, sons of the lord Kar'nam, who was second in the kingdom of Chenastan. After the death of this man, their king took his wife as his own wife; and he had a son from her. Now [this son], after the death of his father, succeeded in sitting on the throne of his patrimonial kingdom. And they [Mamik and Konak], his two brothers from the same mother but not the same father, rebelled and withdrew from him. Uniting with themselves a part of the lords and the troops, they made an oath of alliance and devised a wicked plan, to kill their brother, Chenbakur, king of the land, and take over his kingdom. Mamik and Konak massed troops against him at one place in their land, and the troops of the land were divided in two. News of this reached Chenbakur, who also assembled the troops in his area, and went against them in war.

Եւ յարձակին ի վերայ միմեանց, հարկանեն սրով սուսերի, եւ սպառեն զզաւրն ապստամբական: Փախստական լեալ Մամիկն եւ Կոնակն գնան առ արքայն Արշակունի, որ նստէր ի Բահլ Շահաստանի, յերկիրն Քուշանաց: Եւ էր խաղաղութիւն ի մէջ երկոցունց թագաւորութեանցն այնոցիկ:

Յայնժամ մեծաւ աղերսիւ խնդրեալ զնոսա Ճենբակուրի յարքայէն Պարթեւաց, «զի բարձցէ ի միջոյ. ապա թէ ոչ՝ լուծցի ուխտ խաղաղութեանն՝ որ ի միջի մերում»: իսկ նորա խնայեալ յարսն՝ ոչ ետ զնոսա ի ձեռս նորա, այլ գրէ առ նա սիրով. «Անդրէն ուխտ խաղաղութեան մերոյ, ասէ, հաստատո՛ւն կացցէ ի միջի մերում, զի երդուեալ եմ առ նոսա, զի նոքա մի՛ մեռցին. այլ ետու տանել զնոսա ի մուտս արեւու եւ յեզր երկրի, ի տեղին յայն, ուր արեգակն ի մայրն մտանէ»:

Յայնժամ հրամայէ արքայն Պարթեւաց զաւրաց իւրոց տանել զնոսա զգուշութեամբ մեծաւ, կնաւ եւ որդւովքն իւրեանց եւ ամենայն աղխիւն իւրեանց յերկիրն Հայոց առ ազգական իւր արքայն Արշակունի, որ էր թագաւոր Հայաստան երկրին, ուր եւ սերեալ բազմացան յոյժ, եւ եղեն յազգ մեծ Մամիկայ եւ ի Կոնակայե: Յայսմանէ այն է սպարապետ:

PRIMARY HISTORY OF ARMENIA

They attacked each other, putting swords to work, and [Chenbakur] destroyed the rebellious troops. Fleeing, Mamik and Konak went to the Arshakuni king who sat in Bahl Shahastan in the country of the Kushans. And there was peace between those two kingdoms.

At that point, with great entreaties, Chenbakur sought them from the king of the Parthians, [saying]: "Get rid of them. Otherwise, the oath of peace between us will be dissolved." However, [the Parthian king] protected the men and did not hand them over. Instead, he wrote affectionately [to Chenbakur]: "May the oath of peace existing between us solidly endure, for I swore to them that they would not be killed. But I had them taken [to the West] to the edge of the earth, where the sun goes [home] to its mother."

Then the king of the Parthians ordered his troops to take [Mamik and Konak] with great precaution, and with their women and children and all their household to the country of the Armenians, to his relation the Arshakuni king, who was king of the country of Armenia. There they multiplied greatly and became a great clan [deriving] from Mamik and Konak. The *sparapet* comes from them.

Index

Aghuan(ia), 5; 21; 69.

Alexandria, 5; 125-127.

Ara the Handsome, 201; 209-211.

Artsruni, 91; 109; 139; 143.

Bahram (Vahram [Chobin]), 17; 23-27; 35-39; 45-49.

Byzantine, 5-7; 11; 23; 27; 31; 35-37; 43-47; 57-59; 63-65; 71-73; 77-81; 85; 97; 117-121; 125-141; 147; 151.

Catholicos, 19; 81; 105-107; 143; 153-155.

Heraclius, 5; 69; 73; 121; 125-127; 145-149.

Hormizd IV (Ormazd), 5; 17-19; 35.

Huns, 7; 19; 69-71.

Iran(ian), 3-13; 19-25; 29-35; 39; 43-47; 51-53; 57-59; 63-71; 75-77; 81; 91-93; 97; 101; 109; 113; 117-121; 125; 131-139; 143-153; 217.

Kavad I, 5-11; 35.

Kushans, 9; 21; 99; 109-115; 211; 215-217; 221.

Mamikonean, 3; 7-11; 19; 67-69; 73; 77-79; 83; 91; 95; 219.

Maurice (emperor), 5; 17; 27; 31; 39; 47; 59; 63-65; 77; 81; 121; 125-127; 139-141; 145;147.

Mushegh II Mamikonean, 35-41; 49-59; 77-79.

Peroz I, 5-9; 95; 217.

Phocas, 5; 121; 125-127; 139; 145.

Sahak Mamikonean, 83; 95; 143; 155.

Smbat Bagratuni, 83-89; 97; 101-117.

Step'annos Siwnik', 67-69; 91; 95; 217.

Theodosius, 125-129; 139-141; 145; 149.

Xosrov I (Anushirvan), 7; 13; 17; 21.

Xosrov II (Apruez [Parviz]), 25-35; 39-41; 45-65; 69; 91-99; 105-117; 121; 125-135; 139; 143-145; 153;155; 217-219.

www.sophenearmenianlibrary.com

SOPHENE

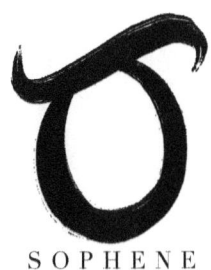

www.ingramcontent.com/pod-product-compliance
Lightning Source LLC
Chambersburg PA
CBHW021022110526
R18276100001B/R182761PG44588CBX00008B/13
9781925937763